津村記久子

大阪的

江弘毅

目次

本書に登場する「大阪」

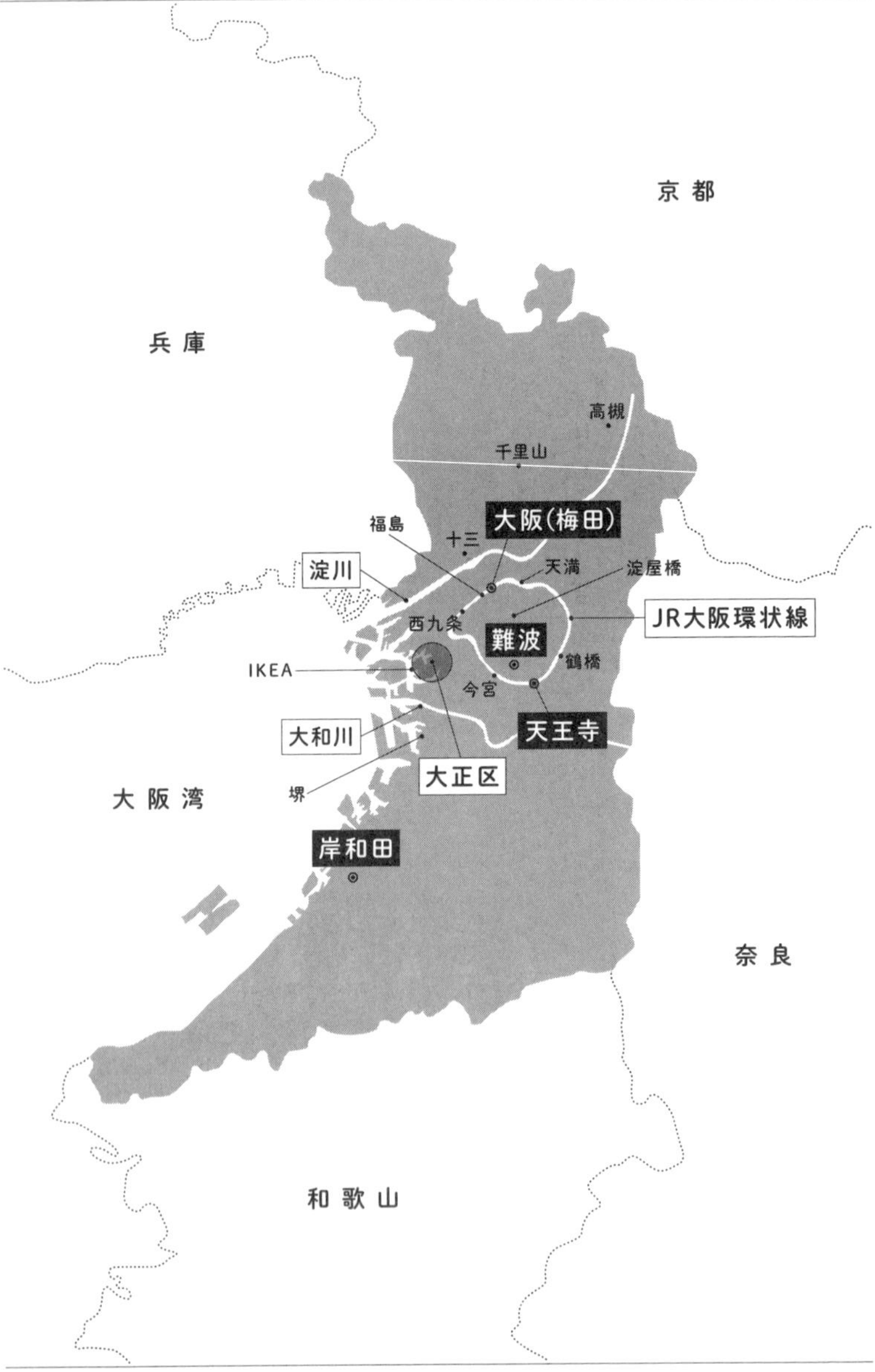

京都
兵庫
高槻
千里山
大阪(梅田)
福島
十三
淀川
天満
淀屋橋
JR大阪環状線
西九条
難波
IKEA
鶴橋
今宮
天王寺
大和川
大正区
堺
大阪湾
岸和田
奈良
和歌山

1 大阪から来ました

津村記久子

まえがき 「大阪から来ました」

二〇一六年から、積極的に大阪から出て地方に行くようになった。主にJ2リーグのスタジアムに取材のようなものに行くからなのだが（特に取材費が出るわけではない）、誰かに話しかけるたびに、一応「大阪から来ました」と自己紹介をする。特に大阪の人間であることを売りにするつもりはなくても、「こちらのチームの試合にはよく来られるんですか？」という質問の後に、「地元にお住まいですか？」とたずねるので、たまたま待機列や電車で隣り合ったりした話をしてくれる人も、「あなたはどちらの方？」と訊《き》き返す流れになるのだろうと思う。それでわたしはちょっと迷って、自分なりにできるだけ感じ良く、大阪から来ました、と答える。だいたい、なんで？　とちょっとびっくりしたように訊かれる。たしかに、カマタマーレ讃岐対ギラヴァンツ北九州とか、ヴァンフォーレ甲府対柏レイソルとか、松本山雅《やまが》対水戸ホーリーホックとか、清水エスパルス対水戸ホーリーホックとか（しかし水戸よく見てるな）、大阪の人間は関係ないだろうと思うのだろう。

これが、「東京から来ました」ならば、わたしがどちらかのチームの地元出身と見てもらえるのかもしれないけれども、「大阪から来ました」はどうも厳然《げんぜん》と「大阪のやつ」になってしまう。大阪の人間は、人数の割にまったくニュートラルさを持ち合わせておらず偏《かたよ》っている、というのは、大阪からあまり出たことがなくてもなんとなくわかる。わかるけどとにかく「大阪から来ました」と言う。「なんで？」と訊かれると、「今J2のいろいろなスタジアムを回ってて、おもしろそうな試合を観に来ています」と答える。するとようやく、「あらまあとにかく遠いところから」と、話をしてくれる人はちょっと感心してくれながら、たいてい珠玉《しゅぎょく》のごとき興味深い話をしてくれる。とってもありがたい。

いきなり余談なのだけれども、九月の清水エスパルス対水戸ホーリーホックの試合には、神奈川の西の方から三時間かけて清水の試合を観に来ているというスコットランド出身の男性がいた。十五年前に、天皇杯で清水の試合を観て好きになったのだという。清水とはそれだけの縁だが、ホームの試合にはだいぶ来ているとのことだ。シャトルバスで隣に立っていた彼は、バスが清水駅で停まると同時に、うちに帰るために本当に走って駅の構内へと向かっていった。この地方→地方（出身地も付け加えるならスコットランド→地方→地方）、という移動の様子はとても興味深いし、何かと東京に対する一極集中がなされている様子とか、大阪の人間が誰からも頼まれていないのに勝手に意識する「対東京」みたいな気持ち（これも一極集中の亜流なんだけど）からはかけ離れていて、胸のすくような気がしてくる。人間は本来、極の偏りなどには目を配らず、好きなものを追うべきなのである。

そういうわけで、地方に行って、東京の人でも大阪の人でもない人と話すと、なぜか大阪の反省点のようなものが勝手に見えてくるようになったのだった。これは実は、仕事で東京と行き来する中では一切見えてこなかったものである。東京の人と話したり、東京で過ごしたりする分には、自分は「ありのままの大阪人」というなんだか迷惑な字面《じづら》の生き物でいて結構、と思い込んでいたのだが、大阪でも東京でもない場所に行くたびに、大阪の欠点のようなものが思い出されるようになった。具体的に言うと、大阪つまらんと言い続けてきたけど、それは「住んでるから」というエクスキューズなしにつまらん場所なのかもしれない、という危機感をはらんだ感情である。別にわたしが大阪の危機を憂《うれ》おうと誰も気にしないわけだけど。

前置きが長くなりましたが、本項では、大阪をちょっとずつ出るようになって感じた、大阪のあかんところだとか、東京でない場所で感じる大阪っぽさなどについて話をさせていただこうと思います。

1 「化粧の濃いおばちゃん」

わたしは本来、女性の化粧が濃いことを揶揄《やゆ》する人間が大嫌いだ。ええやろ誰にも迷惑かけてへんねんし。好きなだけしはったらよろしい。そんな他人のすること、特に化粧の薄い濃いみたいなほとんど実害のないものにいちいち文句言うおまえはなんなん？ などとすごくむきになって怒るほうだ。

でも、本当に申し訳ないのだが、この文章ではあまりいい意味では使っていない。先にあやまっておきます。申し訳ありません。

要するに、大阪って本当に厚化粧のおばちゃんやなあ、と思うのだっていうことである。自分で書いていて、筆折れよと言われるんじゃないかと危惧するほど手垢《てあか》の付いたたとえだと思うし、他の人が書いていてもそれに近い感想を持つかもしれないのだが、それでも、どう考えても、やっぱりそうなのだった。わたしは行ったことはないけれども、常にスナックの何十年選手かのおばちゃんの懐《ふところ》に抱かれているような気分になる時はある。おばちゃんは、化粧濃いけど、話はだいぶおもしろい。料理もまい。性格だって、清廉潔白とは言えないけれども、気はいいし、悪くはないと思う。

でもたまに、どれだけおいしい料理を出してくれてもちょっとだけ静かにしててほしいとか、もっと新鮮で繊細なものの見方がほしい、と思ってしまうことがある。いや、おばちゃんに飽きたというのではない。でもたった一つだけ、どうにもならないことがある。おばちゃんはもう二度と、老獪《ろうかい》でなくなることはできない。

おばちゃん（大阪）のせいではないというのが、また悲しいことではある。見てこれ、ほらこれ、って感じでグランフロント大阪が出現しても、「新しい街ができたみたいでおもろいなあ」と楽しみつつ、どこかで「新丸ビルのパクリっぽくないか……」と恥ずかしく思っている。おばちゃんがお客を楽しませる手段が、すでに足し算以外なくなっているような手詰まりを感じてしまうのだ。

大阪以外の地方は、実はここまでではないように感じる。もっと粛々《しゅくしゅく》としている。これ以上発展はしませんがべつに、とか、歴史はありますからべつに、とか、身の丈をきれいに保つことに専心するシンプルさだとか、成長の余地を残したまま、静かにたたずんでいる。わたしはときどき、地方都市の駅前から宿までてけてけ歩きながら、このぐらいのおばちゃんでなさが楽でいいなあ、と思う。抽象的な表現で申し訳ないのだが、自分が行った地方都市のうちのいくつかである、甲府、岡山、松本、清水といった場所は、おばちゃん感がなかった。じゃあおねえさんだったりおにいさんだったりするのか、というのは釈然としないのだが、とにかく、「化粧濃いなあ」とか「めっちゃ話しかけてくるなあ」という感じはしなかった。老獪かどうかは住んでみないとわからないが。

でももう、大阪という場所は見るからに老獪なのである。老獪さを隠そうともしてないというか、終始、「そらおばちゃんかて商売やからあんたらにうるさく売り込むで」という態度なのだ。具体的にどこが？ と言われたら、街並みそのものが、としか答えようがないのもなんだか手の施《ほどこ》しようがない感じがする。

だって難波《なんば》なんか地域全体がおばちゃんだろう。梅田だって、おばちゃんじゃない場所を探すのが難しい。グランフロント大阪は「ちょっと東京の真似してみてん、どう？」だし、それっぽくない場所はディアモール大阪ぐらいしか思いつかないのだが、あの「隙間の通路をうまいことされいにしてみました」感は、考えれば考えるほどおばちゃんの思い付きそうなことだし、それ以外の場所については推して知るべしだ。こうなるともう、難波から梅田の間の本町や淀屋橋まで、「おばちゃんかて平日はまじめにやってんのよ」って感じがする。本町には船場センタービルがあるもんな。

ほかの場所に目を移してみよう。とりあえず環状線でいうと、京橋はおばちゃんのおっさんぽい一面を見せていると言えるし、天王寺は真正面のおばちゃんだし、弁天町、西九条、福島も完全におばちゃんの感性の支配下にある。鶴橋《つるはし》とか天満《てんま》とかにいたってはもう、口にするまでもない。

では、環状線から出たらおばちゃんではなくなるのだろうか？ そうでもない。高槻だろうと茨木だろうと守口市だろうと枚方《ひらかた》だろうとおばちゃんである。南大阪なんかもってのほかだ。南海本線の半ばには、関所のようにおばちゃんの総本山のような岸和田が待ちかまえている。

大阪はおばちゃんであることから逃《のが》れられない。化粧はいくらでも濃くすることができるけど、老獪さを消し去ることはできない。そしてこれまでに覚えた手練手管《てれんてくだ》を、そう簡単に捨てることはできないのだ。実際おばちゃんは、老獪であることを屁とも思っていなくて、美徳だとすら感じている。いや、そう思いはるんやったらそれでええんやけど、しんどいねんたまになんんか。

「おばちゃんちょっとほっといてくれへんかな?」と、二か月に一回ぐらい街中でぐったりして思うわたしは、ちょっと涙目である。すると街全体が「どないしたん?」と問いかけてくる。何でもええから空気のいい静かなところに行きたいんです、何も考えたくないいんです。わたしを気にかけてくれるおばちゃんはいい人だが、なんだかそれだけは許してくれない。

大阪のことを考えていると、化粧を落とした素顔の大阪というのはいったいどこにあるんだろう、と不意に疑問に思う。いくつかでたらめに場所の名前が浮かんだのだが、やはり「千里セルシーがあるからな」とか「川がにおうんよな」と、どれもすぐに打ち消されてしまう。大阪はどこまで行っても大阪なのだ。大阪はいいところだと思う。ただ宿命的に、若くなることはもはやないのだ。それはどこか、『日本で二番目の都市』という思い込みをまっとうしようとしすぎたことのつけであるように感じる。でも、悪気があったわけじゃないんだよな。

2「意外と個性がない」

地方都市に行ってみて、大阪の若くなさや化粧の濃さを思い知る、という不思議な気持ちになったわけだけれども、『日本で二番目の都市』という心意気なのか矜持《きょうじ》というかといったものが、大阪から若さや静けさを放棄させていったのではないか、というようにも思う。大阪はもしかしたら、生き急いできたのかもしれない。おませさんだったのかもしれない。なんとなく言っている感じだが、大いにあるような気がしてきた。

こんなにうるさいし街全体が厚化粧だし、住んでいる人もくどいのに、意外と個性がないな、と思うことがある。「グランフロントの建物て新丸ビルみたいやな」という既視感に代表されるように、けっこうがんばって東京の真似をしているようなところがあるのだ大阪には。それこそ、お姉さんの真似をして、お姉さんの道具を使って化粧をしてみる妹みたいにだ。

書いてて悲しくなってくるのだが、大阪意外と個性なくないか、というのは、新しい建物だけでなく、サッカークラブのエンブレムを見ていても思う。ガンバ大阪もセレッソ大阪も、なんか普通だ。いや、デザインが悪いとか言いたいのではまったくない。普通にエンブレムとしてかっこいいと思う。でも、大阪が普段唯一無二として振る舞っているほどには意外性がないし、うっと思わせる個性はない（両方のクラブを批判しているんではまったくありませんよ）。

なんでエンブレムのことなんか考えるようになったのかというと、大阪以外の地方都市のクラブで、めまいがするほどエンブレムが攻めているクラブというのがけっこうあることを知ると、そっかぁー、みたいなちょっとがっかりした気分になったりもするのだ。姉妹で例えると、次女である大阪が一所懸命に姉の道具を使って真似をしているところ、六女とか七女が自前の絵の具を使ってめちゃめちゃかっこいいトーテムポールみたいなフェイスペイントで大暴れしていて、それがすごく自由でうらやましい、みたいな感じだ。

わたしが今もっとも好きなサッカークラブのエンブレムは、ザスパクサツ群馬のエンブレムである。よろしければごらんになっていただきたい。まず、全面が大きく口を開けた獅子舞《ししまい》の顔面である。そこにサッカークラブだしということでサッカーボールをつっこみ、その真ん中には、草津といえば温泉だということで温泉マークが書き込まれている。詰め込み感がものすごいわけだが、単純に迫力と脱力のバランスがかっこいい。草津町の郷土芸能の「前口の獅子舞」が由来だという。何という自由さ、やりきった感か。本当にすばらしい。わたしがどのぐらいザスパクサツ群馬のエンブレムが好きかというと、ちょっと元気がないなというときに、エンブレムを画像検索するぐらい好きだ。このエンブレムが生地に直接プリントされたものじゃなくて、刺繍されたタオルマフラーが欲しくて仕方がないのだが、ウェブのショップにはないので、もうこのエンブレムが入ったグッズなら何でもいいと思って法被《はっぴ》を買いかけた。どこで着るんだよ群馬のサポーターでもないのに。

ザスパクサツ群馬のゴール裏には、草津温泉の湯もみ娘の姿をした女性たちがいて、群馬が得点すると、湯もみ板で湯もみの踊りをするという。スタジアムの名前は正田醬油スタジアム群馬だし、なんだかもう、マジックリアリズムに近い何かをザスパクサツ群馬には感じる。それは紛《まぎ》れもなく、個性というべきものだ。

二つのサッカークラブはおいといて、都市としての大阪に対して、そういう評価を持つことは少ない。たとえば道頓堀や天満界隈や京橋のグランシャトー側や十三《じゅうそう》にやマジックリアリズム的な感情を持つことはあっても、ザスパクサツ群馬周りと比べると少ない。比べるなという話かもしれないけれども。

カマタマーレ讃岐のエンブレムもすばらしい。エンブレムによくある感じの盾型をまろやかにした枠の中に、白と水色の太いストライプ、そして真ん中には丼と思わしき青い円が鎮座し、中にはうどんと玉子の黄身が描かれている。黄身はよく見るとサッカーボールの模様になっている。描写しているとシュールすぎて見たことのない人に信じてもらえるのかという感じだが、本当にそういうエンブレムなのだ。

エンブレムがそうであるように、このチームはうどんを全面に押し出していて、わたしは「讃岐」というでかい文字の間にうどんが描かれたタオルマフラーを購入して、いっときハンカチの代わりに持ち歩いて会う人会う人に自慢しまくっていた。

あと水戸ホーリーホックのエンブレムもいい。水戸黄門の印籠《いんろう》の三つ葉葵の外周を、龍が囲んでいる形である。セルティックFCのエンブレムの色ちがいに見えたりするのも意外でいい。例に挙げたいずれのクラブからも、日本を客観視した際の「中心」というものを意識しない、徹底的に「地元」であるという態度を貫く所存が見える。汎用性や中庸《ちゅうよう》さは二の次である。

ほかにも個性的なエンブレムのクラブはたくさんある。個性という意味では、ガンバ大阪やセレッソ大阪のエンブレムは、どこに出しても特に恥ずかしくないけれども、「特に恥ずかしくない」で終わる。そのクラブと縁もゆかりもない人間が、つらい時に画像検索をするような対象ではないだろう（しんどくなるとガンバとかセレッソのエンブレムを見るんだという他クラブのファンがいらっしゃったらすみません）。仮にも大阪のクラブが、である。あのうるっさい、ごちゃごちゃしている大阪が、こんなところでは無茶をしていない。

何もエンブレムがその土地の人間の気質を表すなどと言いたいわけではないのだが、このへんの、「なんだか変なところでおとなしい」という感じは、大阪の次女っぽい部分を象徴しているのではないかと思う。長女には対抗意識がある。なんだったら、自分のほうが美人やしと思っている。個性もあると思い込んでいる。でも本当は、六女や七女みたいに自由ではないし、個性もない。そのことはつゆ知らず、上ばっかり見ているうちに、どうでもいいところでは口数が多くてうざがられてるのに、見た目は誰かの真似で結局無難なだけになってしまっている。

大阪は、自分で思っているほど美人でもないし、個性もないし、ましてや自由ではない。

3「もう新しくはなれない」

もう大阪に新しいものはできない、という気分はいつもある。どれだけ建物が建とうと、どれだけこれまでそこになかった店が出現しようと、もう若返ることはできない。わたしが大阪に住みすぎて飽きているということを差し引いても、それは事実だろうと思う。再び、大阪が厚化粧のスナックのおばちゃんだとすると、増床とメニューの拡張のみがビジネスの拡大の手段だと思い込んでいる様子だが、彼女の着手するどれもにだいたい既視感がある、というような感じだ。

しかしである。東京は新しいものとオワコンの循環だけで巡っているにしても、大阪はそうではないよな、と思うところもあるのだ。お好み焼きはオワコンにならないし、たこ焼きもそうではないし、新喜劇も消費し尽くされる様子はない。一秒で思い付くその三つだけでもそうなのだから、大阪がもともと持っていて、使い潰されていないものはたくさんあるのではないかと思う。おばちゃん、新しい料理もがんばってるけど、この古いメニューもすごくおいしいよ、って感じだ。

東京の側ではなく、大阪以外の地方の側と大阪との共通点があるとしたらここであると思う。いや世界のどこにでもオワコンはあるよ、と言われたらそうなのかもしれないけれども、東京の物事に対する消費速度はネット並みだと思う。それがいいか悪いかはおいといて、新しいものとオワコンの間の中庸なものが、別の場所と比べるときわめて少ないのではないか。ディズニーランドを除いて。あれも厳密には千葉だけど。それと比べると、大阪はわりと、ずっと伝わってきたものを大事にはしていると思う。住んでいる人も、流入してくる人以上に地元の人が多いのだろう。

なので、大阪はむしろ、東京よりも、大阪以外の地方の側に属しているという感覚で生きてゆくべきなのではないか。個人的な感情なのだけれども、消費を誇ることは悪徳だ。新しいもの（というか「新しいものだよ」と提示された、時代の新陳代謝の産物）にしか価値を見いださない感性を無理して追うよりは、まずは自前のものを大事にすべきなのではないだろうか。おばちゃんは最近作り方覚えはった厚焼きパンケーキとか超勧めてくるけど、わたしはおばちゃんが作るもんやったらお好み焼きがいちばんうまいように思うわ、という感じで。

守りに入れというのではない。どうせ無理だろうから。けれども、べつにそんなに焦らなくてもそこそこいいものを持ってるし、どうせ経てきた年齢を戻すことはできないんだし、「二位の美人」に固執するよりは、もともとあるものを生かして伸ばす方向でいてくれたほうが、一個人一住民としてはうれしいんやけどどうやろおばちゃん？

4「真似しきれてない」

そもそも大阪は、真似してるつもりでもそんなにはしきれてないと思うのだ。東京の真似を。大阪が似てるのは、自分が訪れたことのある場所の中では柏市《かしわ》だと思う。柏に申し訳ないような気がするので、できるだけこの文章を柏の人が読まないことを祈るのだけれども、大阪に散らばっているいくつかのものをパッケージングすると柏になるのではないかというぐらいには、大阪と柏は似ている。

駅前の様子は、高槻とか守口市とか堺東といった「急行の停まる駅」が思い出されるし、商店街は京橋っぽい。何より、漂《ただよ》っている空気が大阪っぽい。柏レイソルに肩入れする人々の気持ちの熱さと興味深さは、どこか阪神タイガースを好きな人々にも通じるものがあるように思う。同じ黄色と黒のチームだし。そういうわけで大阪の人が柏に行くと、なんだか懐かしい気持ちになることは保証する。わたしがまかり間違って東京近郊に住まなければいけないとなったら、住む場所は柏だと決めている。

なので、次女が「ねえわたしお姉ちゃんに似てへん？」と同意を期待するように言ってきても、「どっちかっていうと柏に似てる」としか答えようがない。「柏？」と次女は聞き返すかもしれない。でも似てるんだよ。とんだ他人の空似《そらに》かもしれないし、柏さんからしたら迷惑千万かもしれないけれども。

5 「大きな地方として」

飯はうまい、口はうまい、性格がすごく悪いわけでもない、厚化粧のおばちゃん。しかしたまに見せる老獪さが鼻につく。おばちゃん老獪やなと指摘すると、ほっといてくださいー、こうやないとやってこれんかったんですー、と減らず口で言い返す。長女へのコンプレックスを持った次女。自分は姉より美人だと言い聞かせながらも、どこかで姉の影響を振り切ることができない。姉のことをさしてかまわないという態度をとりつつ、わたしお姉ちゃんに似てる？　とときどき誰かにたずねている。

おばちゃんはあるいは、お姉さんのほうが美人やねと言われたことをずっと根に持っているのかもしれない。ときどき夜中に思い出して泣いているのかもしれない。

わたしの大阪のイメージは、そういう屈託を持った女の人たちである。かわいいところもあるけどたまにめんどくさくて、めんどくさいけど料理がうまいので、ついつい話を聞いてしまう。

でももう、そろそろ「お姉ちゃんのほうが美人やね」と言われたことは忘れたっていいと思うのだ。なぜならもう、人口では横浜市に抜かれてしまったのだから。日本の第二の都市ですらないんだよ大阪は。実は次女じゃなかったんだよこれが。だからこそ、大きな地方であるということ、大きな田舎であるということを認めて、それをめいっぱい楽しめばいいのではないかと思うのだ。開き直ってええねんで大阪。知らんけど。

わたしは大阪に飽き飽きしているし、ときどきどこか空気のいいところにアパートを借りて、一か月の半分はそこに住みたいと考えることがよくある。お金と時間の余裕がないからできないのだけど。とはいえ、大阪から完全に出て行きたいとも思わないのだ。べつに人があたたかいというわけでもなく、新しいこともなく、停滞の気配は常に漂っているのに。あんまり取り柄もないけど、離れたいとも思わない。それは、「住みやすい」とも言い換えられないだろうか。

大阪の根本的な性根の悪くなさを、自分はどこかで信じているのかもしれないと思う。だからこそ、大きな地方としてもっと自由になることを、漠然と望んでいる。

2 どこで書くか、大阪弁を使うか問題

江 弘毅×津村記久子 その1

働きながら書いていたこと

江　津村さんははじめ、仕事しながら作家をしてはったんですよね。

津村　しながら、ですね。七年ぐらい。二十七歳で小説の新人賞をもらって、三十四歳まで天六（天神橋筋六丁目）でOLしてました。

江　業態はなんやったんですか？

津村　土木のコンサルです。

江　その仕事について考えたりすることはネタになってたりします？　日常生活から引っ張っ

てきて書くのか、まったく違うところでぽぽぽん、って書くんかお聞きしたくて。

津村　私、両方ですね。どっちかやとどっちかの小説しか書かれへんから……会社におるときに、内輪のすっごいおもしろい話とか聞くんですよ。そういうふうな自分が見聞きしたことを合わせて書く、みたいな感じですね。たとえばサッカーチームが選手の移籍でごちゃごちゃしてたら、それを会社のことにしたりとか、そういうふうにやってます。

江　書いてある小説を読ましてもろたら、魔女とかトリックスターとか、そういう、いわゆる怪物は全然登場しませんやん。津村さんの小説。

津村　だって知りませんし、想像つかないですからね。だから私の小説、どうしようもない人はいっぱい出てくる。ほんまにあかん人には会いますからね。こういう人には全然、普通に会うよ？　みたいな感じで出しますね。

書いたもの、関西弁で読む？

江　話し言葉は、そのまま書いてはるんですか？

津村　……どうなんでしょうね？

江　自分の書いたもんって、自分で音読するじゃないですか。音読というか、頭のなかで黙読するというか。それは関西弁なんですか？

津村　音読してないんじゃないですかね、本当に字面として読んでる。頭のなかで再生してない。

江　発音してない？

津村　発音してないような気がしますね。でもわかんないです、自分でも考えたことがなかったので。

江　新聞読むときはどうですか？

津村　新聞読むときもどうしてるかな。たぶん、標準語で読んでると思いますよ。

江　あ、そうなんや。

津村　今、シモーヌ・ヴェイユを読んでるんですけど、ヴェイユは関西弁しゃべらんでしょ。そら関西弁で読もうと思ったら読めますけど。たぶん。

江　それなら僕と全然ちゃいますね。たとえば、僕は編集者なので、いろんな書き手から送られてきた原稿を読みます。それは僕の、自分の発音の読み方に引きつけて読むんですよ。でもそれをするのって、関西人だけらしくて。

津村　えっ、そうなんですか。東北の人とかも、読むときは標準語で読むんですか？

江　そうです。国語の教育で朗読ってありますけど、関西でも今の生徒は七割くらい標準語で読むんですよ。で、三割くらいは関西弁イントネーション。

三代おってから威張ってください

江　僕、そんなに東京とか大阪とかどうでもええし、あんまり相対化してなんやかんやって嫌なんやけど。「大阪好っきゃねん」みたいなん、ダサくて情けなくなりますやん。

津村　うん、ダサい。なんか対抗意識を持ってるってことがダサい。

江　そうそう。ほっといて、触らんといてって思うんですよね。

津村　もっと似てる街があるでしょう、ナポリとか？　いや全然知らんけど。地方はどこ行っても地方やし、東京と比べてもしょうがないんですよ。だからせめて、同じくらいの規模のどっかの街とライバル意識持ったら？　って思ったりします。

住んでる人の質も違うでしょう。東京のなかでも、三代にわたって東京に住んでいる人と、親から東京に住んでる人と、自分が地方から出てきた人とは違う。自分らは東京の人だ、強く意識してしゃべってる人と、三代東京に住んでる人とは全然違います。三代って、要するに江戸っ子ですよね。そういう人はもう東京の土着の人やから。そういう人とかには憧れますけどね。……でもなんか、どっちでもいいですね。二代住んでる人のこととかも何とも思わないな、田舎から出てきたんやな、みたいな。私もそんなもんですよ、おじいちゃんが九州から出てきておばあちゃんが大阪の人で。

江　せやけど、京都でも大阪でも、そんな人ばっかりですやん。みんな。

津村　三代おるくらいから威張れますけどね。

江　まあ、威張ってもしゃあないけどねえ。

津村　威張ってもしゃあないですけどねえ。でもなんか、東京の人も威張るんだったら三代おってから威張ってよ、っていう感じです。他の人はただの日本人ですから。

大阪の人はどんな流れなんかわからないですけどね。なんで大阪弁しゃべれるんかな、とか思いますし。でも言われてみると、うーん。自分の文章、基本は標準語で書きますね。

江　見た目はね。

津村　そう、見た目は。

その場にふさわしい言葉を何通りも知っている

江　このあいだ、黒川博行さんの文庫本の解説を書いたんですよ。ちょっと賢く書いたんですよ。ある社会集団にふさわしい言葉、エクリチュールの話なんですけど。

津村　江さん、文章めっちゃ賢いですもんね。方言使う賢い人がいちばん怖い、最強やなと思います。あ、それで、どんな賢い話を？

江　僕らは、「これが正しい日本語だ」と制度化されて、日本という一つの国で社会生活が潤《じゅん》滑《かつ》にいくために言葉を教育されるわけですよね。このときの助詞は「が」を使いなさい、わたし「は」ではなく「が」とか。でも、僕らのふだん使ってる言葉って、学校で習わへん言葉なんですね。

津村　関西弁が、ですか？

江　はい。制度化されてないんです。たとえば、同じ岸和田弁でも大工がしゃべっている言葉と、うちの家みたいな生地屋の商売人がしゃべってる言葉と、あとは地域によっても全然違う。もう、一発でわかるんですよ。黒川さんの小説で突き抜けてるのは、ヤクザのなかに多様なエクリチュールがあって、ヤクザのなかでも正真正銘のヤクザと、警察上がりのヤクザ者まがいの言葉がある。ほんまは素人上がりでヤクザじゃないくせに、完全に自分がヤクザだと思ってるエクリチュールと、分けてはるんです。僕らは言文一致が当然やけど、勝海舟と西郷隆盛が話をしていたときって、言葉が伝わらなかったですよね。

津村　はい、はい。

江　薩摩の言葉と江戸の言葉なんて意思疎通ができないんです。だから、幕末は意思の伝達を謡《うたい》でやってたそうなんですよ。僕も津村さんと話すときは、岸和田弁でしゃべれへんです。ところが岸和田に帰って街で話をすると、僕らはその社会集団にふさわしい言葉を何通りも知ってるんです。だって一個じゃないから。制度化された一個の標準語じゃないから。

津村　ふん、ふん。

江　今、堺に与謝野晶子《よさのあきこ》の記念館ができてるんですよ。そこ入ったら、与謝野晶子の歌を標準語で流してるんです。

津村　与謝野晶子って、大阪の人ですよね。

江　与謝野晶子の録音とかを僕は聴いたことないけど、こんなん絶対おかしい、ありえへんって思いました。標準語はＮＨＫのラジオ放送が始まった一九二六（大正十四）年以降のことでしょ。「海恋し潮の遠鳴りかぞへては少女となりし父母の家」って歌がありますよね。「海恋し」とかって絶対、標準語的なイントネーションじゃ出てこない歌やと思う。大阪弁で考えて詠んだ歌やと思うんです。それやったら堺の言葉で流したほうが堺らしいやん。

何が言いたいかというと、僕らってそれぞれの、京都の錦の漬物屋だったら漬物屋の言葉っていうのを、わりと日常としてわかるわけですね。たとえば大阪で仕事してて、ああこのひと河内《かわち》のほうや、こいつ岸和田弁やみたいなのが、ポロッと出る。そういう多様性のなかに居てるさかいに、小説を書くことに対してそれにリアリティを持ったら、すごい奥行きを書きますやん。これってラッキーなのかしんどいのかわからへんのやけど、ある時代のある社会集団にふさわしい言葉遣い、地域的なものとか職業的なものとか、それは身体化されてるから。津村さんなんか典型的なんかなと。

身体化された言葉の使い分け

津村　私は、なんか言葉や文の長短っていうのは、大阪弁とあんまり関係ないと思うんですよ。聴いてる音楽によって決まるんじゃないかな、ってうすうす思ってます。リズムが大事なんやないかなあって。岸和田弁と河内弁も違うっていうのがすごいですよね。

江　僕、最近、織田作之助の全集を読んでるんですよ。ほんなら、オダサクがもうばっちりそのこと言うてるんです。僕ら、茶化すときって東京弁使いますよね。「なにいってんだよ」って。

津村　あはは、なるほど。本当に東京弁で言うときってばかにしてますよね。それわかります。友だちとしゃべっててなんかをものすごくばかにするときって、そんなんになりますよね。そうか、それもぜんぜん感覚が風化してないんですね。

江　オダサクさんはこう書いてます。

大阪人というものは一定の紋切り型よりもむしろその型を破って横紙破りの挑戦に外れる脱

線ぶりを行うときにこそ真髄を発揮するのであって、この尻尾を摑まえなければ大阪弁はわからぬと思うからである。そして、その点が大阪の場のせいであるということの項のテーマは、一応改めて段々に埋めていくつもりである。

（織田作之助「大阪の可能性」）

これで終わってるんですけどね。

津村　なるほどなあ。いろいろな機会で、言葉を使い分けていますよね。それこそ身体化されてるんじゃないですか。自然に出てきますよね。「なにいってんだよ」みたいなことっていうのを、自分のなかで使い分けよう、っていう、スイッチがあるわけじゃないんですよ。自然にそういうふうに出てくる。でもそれ、もしかしたらほんまに大阪の人だけかもしれないです。たとえば、関西弁をしゃべる姫路の友だちがいますけど、そういう感覚はないです。できるできないっていうよりも、その身体感覚がまず説明できないです。

しゃべってるときに水位の調整ができる大阪人

江　高村薫さんが以前、「大阪の文学」っていう講演をしはったんです。高村さんって子どもの頃から、三十年以上たこ焼きを食べたことがなかったらしいんですよ。そういう環境で育ってない。私は十分に大阪弁をしゃべれない、って言ってはって。

津村　高村さん、北摂の方でしたっけ？

江　千里山とかそのあたりですわ。「だけれども、私は大阪的な風土に培《つちか》われたものだ。たこ焼きとか表層的なものじゃない、大阪の暑さといろんな水の臭いにおいだ」って言ってはりました。それが風土だって。風土って何かって言ったら、言語もそうだけど、物のかんじ、物に対してどう感じるかやって。

津村　「水の臭いにおい」っていうのを取り出すのも大阪的な考え方ですよ。ほかのところの人やったら言わないです、恥ずかしいから。なんていうか、ガッて下げますよね。夏の暑さっていうすごい普通のことを言ったかと思ったら、水の臭さっていう、「はい？」って思うようなことを出してくるっていうのが、大阪の人やと思いますけどね。しゃべっていても、水位の調節みたいなことを大阪の人たちは平気でやる。こいつの言ってることよりおもしろいことを今言うたろとか、同じぐらいのこと言おかなとか、ちょっと相手を立てておもんないこと言おう、っていうことを。でも他の土地の人はなかなかそういうことはやらない感じがしますね。ただ話に勝とうとして、それやない、みたいなことを言ったり、そもそも水位が見えてなかったりする。それを聞いてる私は、「ちがうな」とか申し訳ないことに思ってまうんですけど、向こうは気づかないんです。そういうことはもしかしたら、学校で友だちと話すときとかで培うんかなって思ってるんですけど。京都の人はできますよ。滋賀はどうかなあ、できる人とできない人がいる。

江　都会の歴史が長いんですよ。

東京に行ったらわからんようなる、と思ってる

江　極端なことを言いますけど、作家の人とかみんな東京行ってもうてますやん。僕の知り合

いで言ったら、黒川（博行）さんや朝井まかてさんしか大阪にはいてへん。僕はいわゆる作家さんとはあんまり仕事をすることが少ないけど、やっぱりちょっと、えーっ、て思うわな。東京に集《つど》っていって。

津村　なんというか、自分はそっち行ったらだめっていうのがあるんです。そっち行ったらどうせだめになるというか、わからんようなる、って思っていて。東京に行ったら、日本人になってしまうというか、自分のものと思っているところから遠くなっちゃう。それはなあ、と。大阪におったほうが自分はいいんちゃうかなって思ってます。だって、誰も自分のこと知らんし。やっぱり東京に行ったら他にも作家さんがいっぱいいて、編集者さんからごはん誘われたりして、自分のことを「作家やな」って思うことが月のうちでも増えると思うんです。今は、こういう集まりだって月に一回くらいしかないし、自分のことを作家やって思うことなんてほとんどないんですよ。でも、そのほうがおもろい、と思って。

江　富岡（多惠子）さんがそれ言うてはったな。富岡さんは熱海に住んだり、今は琵琶湖のとこに住んでますよね。富岡さんは、街の人間といろいろ話したりするのはええんやけど、同業者とかと話すのはええ気持ちでいられると思わへんって。

場所はそこにしか立たない

津村　今サッカー場の取材をしているので、大阪以外のスタジアムとか行っていろんな人としゃべるんですけど、「こういう者ですけど、こういう小説書こうと思っていて」というふうに話したりするよりは、いきなり話しかけたほうがおもろいんです。いきなり言うてみる。自分以外はたぶん全員北九州の人とか金沢の人とか松本の人やったりするようなとこに行ってみて、その人らがどんな人か見てきたりとか、ちょっと話させてもらったりする、っていうことをやってます。

江　なかなかラジカルですな。

津村　いやいや。そんなんいますよ、いくらでも。甲府にヴァンフォーレ甲府対柏レイソルとか観に行ったんですけど、そのときは大阪の人間は私一人やったんちゃうかなと思います。

江　その見方が大阪的やなあ。

津村　ほんとにそこって、中央がないでしょう。それがおもろい。サッカーの何がおもろいって、中央のないところで、ものすごい極地戦で、楽しそうなんですよ。香川県の丸亀でカマタマーレ讃岐対ギラヴァンツ北九州を観たとして、そこにはたぶん一人も東京の人はおらへん、なんやったら大阪の人もおらへん、ていうような状況で。北九州の人とか、むっちゃあのへんの言葉でまくしたてるんですよ。ファールやんけー！　みたいなことを怒鳴ってる。北九州の言葉で。やのに人懐こくて話しかけやすい。

江　わかるわかる。

津村　シャトルバスの隣に乗ったおっちゃんに「どこから来たんですか？」って聞かれて、「大阪です」と答えるとやっぱり引かれたりとか（笑）。ここに来てみたかったんです、って言ったりね。ご当地の名産を取り上げてるグッズが、開き直ったうえでお洒落やったりね。なんか、よりローカルやな、って思いました。本当に、場所っていうのはそこにしか立たないから。中央らしきものとの物理的な距離感で場所ができていくことはあるけど、一度そこに立ったらその後はその場所独自の育ち方をしていくわけやから、個性を大事にしてほしいって、子どもに言うみたいに言いますけど、本当にそう思いますね。

江　この人、相当にスルドいなあ。

津村　ほんまに、そんなことないですよ。

江　いや、冴えてますよ。

津村　いやいや。試しに柏とかに行ってみてください。大阪的っていうか、なんて言ったらいいかな、いろんな場所があって、大阪みたいなところもあるんや、ってすごい不思議でしたね。

江　それは大阪におって、よういろんな場所っていうのを知ってるから、っていうか知ってるというより身についてるからですよ。「大阪のミナミ」って一言で言うても、道一本で全然違う。千日前でもビックカメラのとこと吉本の裏とで全然違いますもんね。グラデーションがある。そういうところで「ここはやばい」っていうことなんかが感覚的にわかる。「ここに行ったら殺される」とかいうのは、やっぱり身についた感覚やから。

津村　たとえば私が大阪以外の場所の子どものことを書こうと思ったとき、塾が風俗のすぐ近くにあってさ、みたいなことって、よく考えたらそうないですからね。たとえば奈良ではそんなことにはならんやろうし。これってほんまに大阪のミナミとか、中心部におるから子どもがそんなとこを平気で通って、ってことがありうるけど、それは別に、どこにでもありうる現象じゃないんやな、っていう話を友だちともしましたね。

江　ぱっと外国行ってもね、なんかわかるんですよ。『Meets Regional』の編集長をやっていて景気がよかったときに、パリコレを毎年見に行ってたんです。少しパリの街に行くようになったら、わかんねん、プロが。娼婦です、って名札は書いてへんで。せやけど、ある日突然、この人、ってわかるんですよ。

津村　その場に何回か行って、ある日わかる場の空気ってありますよね。

締め切りは守るけど、生産数は限られる

江　津村さん、原稿は書くの早いんですか？

津村　遅いです、そんな早くないです。一時間で二枚くらい。

江　作家さんでなんかよくあるじゃないですか。二十枚をがーっと、一発でいく、みたいな。飯も食べないで。

津村　いや、ない。私は絶対ない。

江　じゃあ一時間で二枚ずつ、ぼんぼんって？

津村　はい。なんとなく生産数っていうのが限られてるんですよ。二時間あったら四枚書けるな、じゃあこれから二時間仕事しよ、というふうに。

江　締め切りは守らはります？

津村　ゲラの期限はけっこう守れないですけど、締め切りは守ります。怖いじゃないですか、納期破ったので干されて、とか。そこが嫌ですよね。締め切りを破ったら好きなこと言われへんようになるし。

江　ふふふ。おもろい発想しはるなあ。

津村　いやいや、すみませんえらそうに。でもずっとゲラを見続けるとか、やり続けるとか、そういう作家らしい生活、なんていうの、起きて、なんとなく今日は八時間五十枚書けちゃったわ。みたいなことは一切ないです。

江　なんで東京弁なん、そこだけ。

津村　わーーー、さっきまでまったく意識してなかった（笑）。

江　「ちゃったわ」って、なんや、って感じやんなあ（笑）。

津村　たぶん自分のなかですごく、ないわ、って思ってるんでしょうね（笑）。なんか、勝手に恥ずかしがってるんですよ、大阪の人って。勝手に恥ずかしがって勝手に含羞《がんしゅう》を突っ込んで話すんですよね。だから、どっちにも言えるでしょう、さっきの。

江　できるっていうときも、必要以上のことを言ってしまうこともあるやないですか。どうしようもなく、にじみ出てくるもんなんですよ。それが、「大阪好っきゃねん」が鬱陶《うっとう》しくて、「チカンアカン」のポスターはいい、みたいな。

津村　うん、そっちはいい。難しいな、どう違うのかなかなか説明できないですけどね。

みんな方言しゃべったらええのに

津村　なんか、みんな方言しゃべったらええのにな、って最近すごい思います。たとえば東京に、すごい賢いけど地方から出てきて自信がない学者さんとかいはったら、地方の言葉、自分の生まれ育った土地の言葉でしゃべってみたらどうかなと。みんなが地方の言葉でしゃべったらええんちゃうかなって思うんです。

江　なんか僕、英語もそんな感じしてるんですよ。このあいだ将棋の羽生《はぶ》（善治）さんが、人工知能は情とかそういうのを持ってるんか、というＮＨＫの番組に出てたんです。羽生さん、英語ペラペラなんですけど、帰国子女英語じゃなくて、めっちゃくちゃ日本人英語なんです。その英語が、たどたどしいねんけども、要するに、スラング英語じゃない。ファッキーンとかそういうのではない。

津村　ファッキーン（笑）。外国人と付き合えて舞い上がってる女の子が使ってる英語みたいなのではない、と。

江　だけど、自分の英語をようわかってはって、単語のチョイスとかもすごくて、この人めちゃくちゃ英語をよく知ってる、単語もよくわかってる、って感じやったんです。めっちゃくちゃカッコいい日本人やな、羽生さん。

津村　かっこええですよね。でも、どうしていったらええんやろうと思いますね。「英語しゃべれなあかん」みたいなことを言うけど、世界の人がもうしゃべれすぎるようになってるから。もっとみんな、適当にしゃべったらええんかなーとか思います。

江　話戻るけど、人工知能と戦った、韓国の碁の天才が負けたんですよ。人工知能に。それで記者会見で、こんなもん、機械の世界に俺が勝てるわけないやんけ！　みたいなことを言うてるわけです。それを羽生さんが取材していて。その羽生さんの英語がよくて。アナウンサーやキャスターが流暢《りゅうちょう》に話す英語じゃないねんけど、僕はある種の、日本の知性を感じたというか。感心しましたわ。ごっつ話それてしまったけど。

津村　いや、でもそういうふうにしていったらいいと思います。うまく言えないですけど……。

そんなに英語使ってほしいんか、って思うときがあって。「そんなに英語使ってほしいんやったら使ったるわ」みたいな感じで使ったらいいんじゃないかなって思うんですよ。世界中の人が。それで、自分らの記号としてしゃべればいい。自分なりの発想で、通じひんかったら、「でもこれ英語しゃべってるけどなー」って態度でおったらいいんじゃないかなって思うんです。

グローバル化されながら、どうやって地域語を守るのかということを考えていると、いろいろ思うことがあって。もちろん、英語の勉強もしていい。英語の単語を勉強してもいいし、英語でものを考えられるようになってもいい。でも、通じる通じへんは寄せんでいい、というか、感性は寄せんでいいと思うんですよね。英語を使っている人の考え方に別に寄せる必要はなくて。たとえば丸亀のうどん屋さんが英語で説明しても、それは、英語使ってるからこれでええやろ？　っていう態度でおったらいいんじゃないかな。なんか、まとまってないんですけど。

江　わかります。だから黒門市場の、割り算もちゃんとようせんような僕の中学校の同級生も、商売上では伝わるような中国語をしゃべれるんですよ。

津村　そう。それでいい。言葉はただの道具やしなあ、って。

地方しかない、って、なんておもしろいんだろう

江　せやけど、言葉っていうのはものを考えるための、あるいは世界を知るための足場ですから。日本語でも中国語でも、その言語体系で世界を僕らは切り刻《きざ》んでいる。言語学のいちばんの基本って、差異の体系だけですやん。日本語では、湯と水は単語によって区別するけど、英語ではボイルドウォーターとウォーターと、湯と水に相当する言葉がない。だけどそれは、日本語がすぐれているとかいうことじゃなくて、単純にそういうような切り分け。ソシュールが言うてる言語学っていうのはそういうことなんですけど。大阪はその切り分け方が全然ばらばらで、それはエクリチュールが先にある。

たとえば、僕の大学の同級生、バブル全盛期の頃でうかれてたから、不動産会社によう就職して東京に行ったりしてるんですよ。で、そいつらが大阪弁で「このキッチン抜群ですわ」って言ってたら、「大阪弁で言うと客がだまされているような気になるから、使うな」と。全部標準語でセールスしなあかん、って話を聞いて、なるほどなーと思いましたね。それは関西弁の

なかにも、ナニワ金融道もあるし、瀬戸物屋のおばちゃんのしゃべり方もあるし、もっというたら京都も関西弁やないですか。その多様性において関西弁だけが突出しているから、それを東京の人間は、「この人は不動産屋の大阪弁をしゃべっている」ってことを見分けられへん。だからなんでもナニワ金融道になる。せやさかい、標準語で話さんと売れへんのですよ。

津村　標準語じゃないとあかんねや。

江　というか、僕らはどんな大阪弁を使うかで見分けるわけじゃないですか。

津村　めっちゃ細かいですよね。東京って、「ここの東京の標準語」とかあるんですか？　江戸っ子以外で。ない？　みんな同じ？　でも、自分の違和感みたいなのはおいといて、他人がどんな言葉しゃべってても、別に平気じゃないですか？

江　僕も平気ですよ。

津村　なんか、なまってるのも、なまってるからあかん、直すとか直さない、みたいな話があるじゃないですか。でも今、なまってるほうがいいんちゃうかなって思うんです。「ザスパクサツ群馬」っていう群馬のサッカーチームがあるんですけど、そのチームの応援団のなかには、湯もみ娘がおるんですよ。

江　なんですか、それ？

津村　湯もみ娘。草津温泉の湯もみ娘の衣装着た女の人らがゴール裏におって、自分のチームの選手がゴールしたら湯もみをするらしいです。その話がすごい好きで。で、徳島のチームのファンにはゴールしたら阿波踊りをする人が確認されているそうで、栃木のチームの人は「栃木県民の歌」を歌うし、そういうチーム同士が対決してる場とか、もうわけわからんでしょ。そこにはどこにも東京っていう中央がなくて、地方の態度しかない。地方しかない、って、なんておもしろいんやろうって思うんですよ。

江　岸和田のだんじり祭もそうですよ。中心ないですから。各町ばらばらですから。

津村　中心を意識してないもののほうが、かっこいいしおもしろいし、多様でええんやないかなっていうのをすごい思いますね。私は大阪っていうのは、どんだけ大きい町であっても、地方の多様さのなかの一つなんやないかと思ってます。

江　そうそう。

津村　だから、そこにとどまるべきだと思います。中央になんてならんでいいから。だから、あんまり東京に対する対抗心の話なんて、私たちはしてないし誰もまあみんな持ってないんですけど、あえて仮想敵をつくるとしたら、そういう発想は別にいらない、東京のマネをする必要はないなって。

イケアを大正化しちゃった大正区民

江　津村さんは、あんまり土地柄のことは直接的には書かないですか？　でも固有名詞は書いてるな、イケアとか（『エヴリシング・フロウズ』）。

津村　イケアは書いてますねえ。

江　せやけど、あのイケアは記号でしょ？

津村　イケアはイケアで大正区の文化の一つになっちゃってるから、書かんとあかん思いました。伏せたくなかった。おじいさんとかおばあさんが、「これ難波出るらしいで」とか言ってイケアの無料シャトルバスに乗ってって、難波に出ていくんですよ。便利やなあって言って。

江　ああ。あそこらへん、バスしかないからね。鉄道ないから。

津村　そう、大正って北の部分しか駅がないんですよ。全部バスやから。イケアのある鶴町あたりに住んでるお年寄りとかは、いちいち駅前に出ていくのがめんどくさいから、「あのバス乗ったら難波出れるらしい」って言って、難波行くらしいんです。あと、イケアにフードコートがあるんですけど、もうぜんっぜんイケア的な世界観と関係なさそうな小学生が、ドリンクバーを飲みながらトレーディングカードしてたんですよ。五、六人で。だから、イケアが大正に来たと同時に、大正区民がすごくイケアを使ってるんですよ。イケアを大正化しちゃってる。それを見て、これは絶対イケアを出そう、って思ったんです。

江　よくわかりますわ。

津村　おばあさんらがちゃっかりしてて、いいですよね。イケアを、本当に風土みたいにしてる。場所の力っていうかなあ。どの場所にも美があるなと思います。場所に規制はない。すごいあるような顔しますけどね、みんな。

江　そういうふうに考えはるようになったん、小説書き始めてからですか？　子どもの頃からぼんやり思ってたことなのか。

津村　わかんないですね、そんなにいろんな場所に行かんかったし、大阪しか知らんかったし。でも場所のことは、海外サッカーを見るようになってから考えるようになりました。英語圏の文化のことしか自分は知らんかった、と思ったんですよ。それまで映画もけっこう観てたし、音楽も英語のものを聴いてたから、世界のことを知ってるような気がしてたんですけど、いざ世界地図を広げてみると、サッカーって実は非英語圏の地域のほうが盛んじゃないですか。ラテンアメリカとか、ヨーロッパとか。そうして非英語圏のことがいっぱい頭に入ってきたとき、よく考えたら自分が世界の文化やと思って消費してたものは、全部英語圏のものだった、っていうのがわかったんです。

大阪で作家をつづけていくということ

江　大阪で作家をやってく実感というか、あるいは作家で食うていくということに関して、大阪っていう土壌はどうですか。

津村　うーん、東京にも大阪出身の作家なんかいっぱいおるから、ならもう大阪におったほうが、ちっちゃい仕事がよく来るしいいような気がします。あと、西日本で「講演してくださ い」っていうの言いやすいんやろなーって思います。堺とか生駒とかで仕事さしてもらったことがあるんですけど、東京の作家は呼びにくいけど、そういえばこいつ大阪に住んでるから呼ぼか、みたいな。そういう意味で大阪に住んでることを利用してるな、って思います。

江　ええセンスしてんなあ。そらもうラッキーやもん、大阪側としては。僕はもう、ちょっと嫌やねんけどね。だんじり祭がなかったらたぶん東京行ってますよ。「まだそんなことやってんの？　だからダメなんだよ」って言うてるよ。

津村　いやいや、ほんまですか？　なにやってるんですか（笑）。

江　もし僕、慶應とか立教とか行ってたら、たぶんファッション誌なんかやってて、ごっつぅうっとうしい編集者になってたと思いますよ。もう、お洒落なだけのね。

津村　自分はすごい大阪におることを売りにしてるし、働いてたことも売りにしてるし、大阪で書き続けることも売りにしてる。今度は大阪に居ながら大阪じゃないとこに行って大阪人として振る舞って、もらってくるものも売りにしようとしてて、貪欲やなって思います。

江　いや、今僕なかなかええ質問した。それはね、なかなか言われへんことですよ。

津村　いやいや。

江　ほんまやって。自分わかってへんのとちがいますか。

津村　だって大阪の人がおらなそうな場所に行って、大阪から来ました、って言ったら、なんで大阪から来たんや、ざわざわ、ってなるんですよ。おもしろいじゃないですか。「東京から来た」だとあんまり珍しくないけど、「大阪から来た」だとちょっと珍しいんです、どこ行っても。岩手県に行ったときも、大阪弁でめちゃめちゃしゃべるし、大阪から来ましてん、ってすごい言いましたよ。「へえ〜大阪から来たん」ってなるから。大阪から来たんやからおもしろいこと言って、っていうのを逆に利用してるなって思います。だから満足はしてます。

江　大人やね。僕なんか明日からでも、東京弁ようしゃべるけどね。ごっつ上手いですよ。なにいってんだよ！

津村　なにいってんだよ（笑）。でもたぶん、言葉とか発音とか表層的な問題じゃなくて、高村さんが、夏は暑い・水は臭いっていうのを二つぶっこんでくるように、感性はたぶん変わらない。

江　そこに住む人間のなかに根を下ろしているってやつですね。それはごっつい大きいと思うね。

3 大阪語に「正しさ」なんてない

江 弘毅

大阪弁の会話を書く

ちょうど二年前の二〇一五年の話だが、『本の雑誌』で「この大阪弁小説がすごい！」というタイトルで、和田竜《りょう》さんの『村上海賊《かいぞく》の娘』から始まり、町田康《こう》さん、黒川博行さん、西加奈子さん、朝井まかてさん、津村記久子さんほかの小説の面白さと、「大阪弁で書くこと」について短期連載した。

村上海賊と対決することになる泉州海賊武士に泉州弁をふんだんにしゃべらせた『村上海賊の娘』が、二〇一四年本屋大賞と吉川英治文学新人賞。黒川博行さんの

『破門』と西加奈子さんの『サラバ！』が、二〇一四年上半期と下半期連続で直木賞を受賞し、「なんで大阪（関西）弁の小説ばかりが？」という趣旨だった。けっこう難儀した。というのもそこに書かれる大阪弁は、例えば大阪方言は、泉州方言や河内方言、またアウトローとＯＬの言葉がてんで違うなど多様であって、ひとくくりにして一般論で書けないからだ。

まさに仰天したのだが、連載二回目で「黒川さんの大阪弁ヤクザ小説がなんでおもろいのか」を書いているときに、直木賞受賞第一作の『後妻業《ごさいぎょう》』のそのままの容疑で六十七歳の女性が京都府警に逮捕されたのだ。筧《かけひ》千佐子容疑者というおばはんが、妻に先に死なれた金持ちの高齢者に色仕掛けで入り込んで、財産を皆あげるみたいな遺言を書かせて、それで殺してカネをせしめるというエゲツない犯罪だ。確か一〇人ぐらい殺して一〇億円ぐらいせしめてるのと違うかったか。結婚相談所が一丁《いっちょ》咬《か》みしていて、それがグルだったらまさに黒川さんの小説のままだ。

千佐子容疑者が逮捕される三年も前からこの小説を書いていた黒川さんによると、「知り合いがひっかかったから書いた」ということであり、「九〇パーセントがホンマの話や」とわたしに語っていたが、この快作は黒川作品のなかでもノンフィクションめいていてちょっと特異な内容だ。

ちょうど千佐子容疑者が殺人容疑で向日町署に逮捕されたときに、神戸在住のノンフィクション作家・西岡研介氏が Twitter 上で「今頃、向日町署はてんやわんやになっとるんやろなぁ」「黒川さんに帳場に入ってもらえ」と呟《つぶや》いたぐらいリアルな小説なのだ。

実際は悪辣《あくらつ》極まりない殺人事件（の連続）であるが、作品を読み進めていくと、『喧嘩《すてごろ》』で六作目を迎えた「疫病神コンビ」シリーズ、本職のヤクザ以上の「悪」をはたらくマル暴刑事上がりコンビの『悪果』『繚乱』シリーズと共通するある種の手触りを感じる。

黒川さんにしか書けない登場人物の大阪弁の台詞《せりふ》。いうまでもなく黒川さんの小説のいちばん読み応えのあるところは、大阪弁の会話である。アウトローのみならず一般市民の会話も同様だ。「おもろい」ことにおいて共通しているのだ。


「積み立てているの？　葬式費用」

「いくらか、まとめて預けてると思うわ。預託金みたいなの」

「あんた、確認してよ」

「どうやって」

「小夜子さんに訊けば」

「姉さんが訊いたらいいやんか」

「いややわ、そんなん」

「ややこしいことは、わたしなんやね」

「ね、このサンドイッチ、不味くない？」

「不味いからあげたんやんか」笑った。

「ひどいわ」尚子も笑う。


これは『後妻業』の冒頭、父の危篤を知らされて駆けつけた病院での姉妹の会話部分である。このように、お決まりの極道、後妻業の女、グルの結婚相談所の所長といった「悪」のみならず、妹と同級生だった弁護士、興信所の探偵……。登場するいろんな社会的属性を持つ人物の会話がいちいちおもろくて、大阪の文化レベルとしてのコミュニケーションの実例としてエッジが立っているのである。

その黒川さんは『破門』の二〇一四年直木賞受賞会見で、ご自身が作品中に書く会話の台詞について絶賛されていることについて、「日頃しゃべってるのがあんなんです。だから作品の中で、ここで笑わそうとか、ここでしゃれたことを言わそうとか、意識したことはないです」と語っている。

ただ「おもろい」というのは、もちろん昨今の吉本を中心とした「お笑い」的土壌ではない。単純な「ボケ／ツッコミ」で人を笑わせることでは決してない。黒川さんにかかると、『オール讀物』の直木賞受賞記念対談で「漫才は決して参考にしてません。俺の書いている台詞はそこまで下品ですかと、逆に聞きたいくらい（笑）」とコテンパンである。

そのあたりを津村記久子さんは、今回の対談でこう語ってくれている。

しゃべっていても、水位の調整みたいなことを大阪の人たちは平気でやる。こいつの言ってることよりおもしろいことを今言うたろとか、同じぐらいのこと言おかなとか、ちょっと相手を立てておもんないこと言おう、っていうことを。でも他の土地の人はなかなかそういうことはやらない感じがしますね。ただ話に勝とうとして、それやない、みたいなことを言ったり、そもそも水位が見えてなかったりする。それを聞いてる私は、「ちがうな」とか申し訳ないことに思ってまうんですけど、向こうは気づかないんです。そういうことはもしかしたら、学校で友だちと話すときとかで培うんかなって思ってるんですけど。京都の人はできますよ。滋賀はどうかなあ、できる人とできない人がいる。

大阪弁を話語としている人のコミュニケーション・アプローチについて、さすがに先端を走る作家らしい分析である。

「おもろいフォース」の偏差値

まったくネタも書き方も違っているが、大阪大学の『大阪弁ぼちぼち講座〜ものの言いかた、大阪人vs東北人』のレポートにたいへんよく似た会話の例がある。岩波新書から二〇一四年に出された『ものの言いかた西東』（小林隆、澤村美幸著）にも登場している。

大阪に移り住んだ東北出身の国語学者・澤村美幸さんが大阪の友人の結婚式に参列したときに耳にした会話だ。


友人A／おめでとう。めっちゃきれいやったでー。

新婦B／ありがとう。そんなん言うてもらえてうれしいわぁ。先週整形しといてよかったわぁ。

友人A／いや、ほんまに美人花嫁やったでぇ。整形間に合ってよかったなあ。


これに澤村先生は絶句する。

「めっちゃきれい」と友人に言われた新婦はいきなり「整形した」とボケる。そこに「そんなことないよ〜、元からきれいだよ」ではなく、「間に合ってよかった」などと同調するなんて、格式ばったお祝いの日なのに失礼ではないだろうか、「本当に整形だと誤解されたらどうするんだろう?!」とひやひやされたそうだ。

いやいやこれは抜群に「おもろい」大阪的な会話だ。なにかと慌ただしくかつ肩の凝《こ》る結婚式での「ご挨拶」なのだが、当事者と参列した友人との若い女性の最高レベルの会話だと思う。「気の利いた大人のジョークを」（さっぶ〜）などと準備するのではなく、普段からの大阪人の体質としてある「こいつの言ってたことよりもおもしろいことを今言うたろ」というえで、ほんとうに「おもろいこと言うてしまう」。そして「話を転がす」。

講座を主宰している大阪大学文学部長の金水敏《きんすいさとし》教授は次のように解説する。

「整形しといてよかった」は、ボケであり謙虚さを示す自虐であり、次の展開を相手に渡すフリ。受け手側にしても間に合ってよかったと、否定ではなくカブせていく（のっかる）のは非常に高度な技です。けど、大阪人はこれを瞬時に理解し、返し、聞いている周囲も笑って見ている。

大阪の中心街、北区生まれの金水教授は、「役割語の研究」で有名な国語学者だ。なかなかナイスな大学教授で、二〇〇六年に『日本語存在表現の歴史』で新村出賞を受賞しているかと思えば、ファンキーにも北新地の芸妓さん（といってももう六十代以上ばかり）遊びで、ビール瓶を股間鼠径《そけい》部に挟んで座布団を跳び越える「座布団越え」の座布団枚数記録を持っているような人である。

大阪は「おもろい帝国」であり、日本の中でも（あるいは世界で）特異な都市ではないか。そういうスタンスから、金水教授は次のような興味深い話をFacebookで書いていた（かなり本気で）。

日々「おもろいフォース」の鍛錬にいそしむ「おもろい帝国」住民は、そのコミュニケーションの技術によって、人を笑いにつつみ幸せにする。けれどもそれにはダーク・サイドが存在していて、それが「おもハラ」つまり「〝おもろない〟ハラスメント」に直結する。

帝国コミュニティーのなかには、「〝おもろい〟カースト」が存在しているので、「〝おもろい〟弱者」が日々「おもハラ」に苦しめられている。勉強や運動と並んで、いやそれ以上に「おもろい」生徒がスクール・カーストの上位に立つ。これは逆にいうと「おもろい弱者」の子どもが抑圧されることである。

古くは横山ノック府知事を当選させ、近年は橋下徹の出現と一連の維新政治を生み出した心性がそれだ。「大阪から出て来た橋下徹、おもろいやないか、がんばれ」「大阪が都になるんか、おもろいやないか、応援しよ」という短絡的な思考回路である。

ちなみに金水先生は「ぼくは橋下徹氏なんかひとつもおもろいと思ったことがありませんが、どうもそうではない人々が今の大阪にはたくさんいらっしゃるのです」とも書いているが、わたしもまったく同感だ。

やしきたかじん、宮根誠司、辛坊《しんぼう》治郎のインパクト重視の発言はどこまでもテレビのワイドショー的な政治感覚だと思うし、Twitterのハッシュタグには「#たむけんおもんない」というのがあって、本人の活動よりそちらの書き込みのほうが断然「おもろいフォース」偏差値が高いとわたしは思っている。

そういう土壌だからこそ、「おもろい」ことが言えない、ギャグを言ったりボケたりツッコんだりのコミュニケーションが苦手な者が、「おもろないヤツ」としていじめの対象になる。確かに「おまえはおもんないヤツや」と言われると、子どもでなくても大阪人は強いダメージを受ける。大阪では「仕事が出来ない」「勉強ダメだ」「ダサい」とか言われるより、人間としての基本がなってないというか、なんか人格を否定されたような気になるのだ。

また一生懸命話をしている途中で「もうそんなんおもろないんじゃ！」と言われると、宣戦布告、喧嘩を売られているのと同じである。弱者にとっては次の言葉を失ってしまう。孤独に押しやられて黙るしかないのだ。

これら「おもハラ」は「東京弁はおもろないんじゃ」と思っている大阪人が、大阪にいる非関西人（おもに関東人）に適用することも多い。

そのB面もある。東京で「大阪弁、ちょっとしゃべってみてよ」と言われて「ナンでやねん」と答える。相手には軽いツッコミを返していることがわからない。あるいは「大阪の人でしょ？　なんかおもしろいことを言ってよ」と言われて、「その頼むときの言い方がそもそもおもんないんじゃ」とイラついた経験もある。決してその仕返しじゃないのだが、相手が挨拶代わりに普通にしゃべっただけなのに、「ほんで」と逆に訊き返したり、「オチはないん？」と要求したりする。これはちょっと難儀かつ深刻なズレだ。

だいぶん前のことだが、富岡多恵子さんにいただいていた連載にこういう文章があったのを思いだした。

数年前、或る集まりで長年合わなかった女性にたまたま出会った。わたしを見かけたそのひとは「ずい分お見限りね」といったので返答ができず困ってしまった。このように、相手が返答できぬ挨拶を大阪の人はあまりしない。「まだ生きてたの?」といわれれば、「すんません、まだ生きてました」くらいのことはいえるのだが——。しかし、「ずい分お見限りね」という相手に「まだ生きてたの?」は通用しない。おそらく、「なんてことを!」と怒って立ち去るだろう。

(「いっぱしのコトバ」／『Meets Regional』連載二〇〇一年八月号)

大阪語作法のええところは、「ツッコミ」は「拾う」であり、その後のコミュニケーションに接続すること。ぴしゃりと一言で「これが正解だ」と示すのではない。むしろそういうことは「屈服させる」あるいは「バカにする」「あげつらう」であって、会話の作法はあくまでも「コミュニケーションのそれ自体への接続」である。それが理解できない話者はいくら大阪弁で話そうと「おもろないヤツ」の中に入るのだ。

逆もありだ。好き勝手言いっぱなしの挙げ句に「知らんけど」と無責任に放り投げられる。「早《は》よやらんと低気圧来て昼からすごい雨降ってくるで。知らんけど」というやつだ。これは「ボケ」の悪用なのであるが、よくよく考えてみると、最後に「知らんけど」をぶっ放して逃げるほうがまだ罪が軽い。

少なくとも「知らんけど」は、出鱈目《でたらめ》やデマを言いっぱなすネトウヨ発言のように匿名的でないし、例えば「カジノをつくらんと大阪は沈没する」でも「TPPは成長戦略の要《かなめ》だ」でもいいのだが、最後に「知らんけど」的な台詞がない「言いっぱなし」言説はヤバい。

首相官邸、維新の会まわりはよう聞いとけよ、そのあたりの大阪的コミュニケーションは最高に民主的やぞ。なのである（知らんけど）。

上げて下げてのコミュニケーション

これが正統な大阪弁だというのはない。固定されたスタイルではなく、相手とのコミュニケーション上の距離をその都度測っては調整したり、ガードを上げたり下げたりもする。日々大阪人がしゃべっている大阪弁は、どこでも失礼に当たらないスーツを着るのではなくて、ジーパンをうまく穿《は》きこなすようなものかもしれない。

年上と話す場合もごく親しい間柄なら、相手のことを同級生のように「～くん」と呼ぶときも多い。コミュニティー内の年上に「～ちゃん」と呼びかける場合もある。子どもの頃からのニックネームや愛称で、年上年下を問わず周りが二人の関係性においてそう呼ぶことを認めているのが前提で、これらは他の街の人にはわかりにくいかもしれないが、近しい年少者から年長者への親密さを示す一種特別な敬称である。

逆に年下であっても親しくない人、好きでない人には初対面とかあまり近密でない人と同様に丁寧語でしゃべる。決してボケやツッコミをかまさず、まちがっても皮肉や悪口に聞こえないようにする。それは「ほんとうは嫌いなんです」あるいは「あなたの敵になるかもしれない」ということをさとられまいとするからだ。「鬼神を敬してこれを遠ざく」と孔子も論語で教えているとおりである。

受身表現も多彩だ。黒川小説にも多出するが、「ちょっと表へ出たってえな」「顔貸したってくれるか」は、「表へ出ろ」「顔を貸せ」よりもずっと怖いし、「コーヒーぐらい飲ましたってえな」「気持ちだけもろときますわ」は、相手を説得したり拒絶する際の絶妙な距離の取り方だ。

大阪弁話者同士が一気に打ち解けるのは、お互いの間合いが縮まり、ガードが下がる瞬間だ。このときどちらからともなく「おもろいこと」を言って「かぶせる」。その際の有効な作法が「ボケ／ツッコミ」である。最も古典的で単純な例が「まいど」と言われて、「おいど」と返すことだ（これは時におもろなさ過ぎてまだまだおもろい）。

船場の商売人が話す言葉や北新地の古い花柳界、あるいは文楽や落語などの上方《かみがた》伝統芸能に携わる人々の言葉遣いが、正統的な大阪弁だとよく言われているが、それは間違いだと思う。大阪語あるいは大阪弁を話すこととは、東京の山の手言葉を「標準語」として措定《そてい》し、誰もが「学校で教育され制度化された言葉」を話すこととは違う。大阪語に「正誤」なんてないし、「正しさ」を求めてもおもろくも何ともない。

河内弁が入ってきた頃から、漫才が荒っぽく下品になった、などと指摘する人がいるがもちろんそれも違う。地域性、職業などの社会的属性がそれぞれ違ったコミュニティーの雑多なエクリチュール（ある社会集団にとってふさわしい言葉）を持ち、それぞれの大阪弁を「現に話している」大阪人にとっては、そのような言語運用の見方こそが、のっぺり画一的で窮屈極まりない。
谷崎潤一郎賞を受賞した町田康さんの『告白』の河内弁を見てみよう。この作品は百年ぐらい前から盆踊りの河内音頭に歌い継がれる大ネタ『河内十人斬り』がモチーフになっている。嫁を寝取られたうえに博打《ばくち》の借金を踏み倒され、半殺しにされた主人公と乾分《こぶん》が、村の顔役である悪辣なヤクザ者一家に復讐し惨殺する明治二十年代に実際に起こった事件であるが、以下のような啖呵《たんか》が連発される。

「なんやと、この餓鬼ゃ、一緒さひてくれやとお？　はっはーん、ちゅうことは松永が縁談断ってきたんもどうせおどれが向こう行て、百万だらええ加減吐《ぬ》かしたからやろ。なんちゅうことをさらすんじゃ、あほんだら。銭をどないしてくれんね、銭を。それを先に言わんかいな。銭どないすんのんか。銭のことも言わんとなにが嫁くれじゃ、あほんだら。銭のないもんに娘やれるかいな、あほらしい」といってトラは立ち上がった。

（中公文庫版、五九八ページ）

娘を嫁にくれという主人公に、その母である五十婆のトラが発するえげつない河内弁の乱れ打ちだ。大阪南部の岸和田出身であり大阪市北区で長く仕事をしているわたしは、この河内弁がどういうタイプの人間が話し、どういう特徴を持つ言語かを知っているが、これは結構読みにくい。標準語話者など的確な音読は不可能だと思う。であるが、文句なしにおもろい。平仮名の連続でよくもここまで啖呵台詞のリズム感が出せるものだと思う（さすがパンクロッカー）。河内を舞台とした悪漢小説にふさわしい、最高傑作の台詞のひとつに間違いないと思う。

わたしはこの作品のあれやこれやを「河内の大阪弁」の典型として記憶に留めているが、大阪弁というのはそれが「現に話された」現場と、そこから電車で一時間以内ぐらいの距離にあるところのそれぞれの違った「○×の大阪弁」があり、例えば阪神や阪急、京阪、近鉄や南海といった土地柄の違いによる「母語」の違いみたいなものをハッキリ区別できるのが、大阪語（関西語）話者の共通点である。それが大阪弁のテロワール（代替不可能な土壌）なのであろう。

現に神戸・阪神間、京都からの通勤客が多い大阪市北区にいると、「〜しとう」といった語尾でこの人は神戸〜播州《ばんしゅう》方面、「せやし」という接続詞を多用するあの人は京都だ、といった違いがわかる。同様にミナミに遊びに行くと、八尾とか東大阪の大阪弁をしゃべる人、堺~泉州系のそれを話す人が混じっているのが聞き分けられる。

けれどもそれを話す当人は「わたしは神戸弁の関西語をしゃべっている」とか「泉州系の大阪弁話者だ」ということにいつもいつも自覚的になっているわけではない。それで余計に大阪弁はややこしいことになるのだが、それぞれ共通するのは、大阪弁を扱う場合の「距離」に対しての作法であり技芸である。その距離はもちろん土地の物理的な距離と、人間と人間の関係性の距離の二つだ。

イントネーションという厄介な問題

コミュニケーションの「上手い下手」つまり「おもろいかどうか」は、もちろん会話の台詞である「話し言葉自体」(文学作品では「書かれた言葉」)であるが、厄介な問題がイントネーションだ。

二〇一一年のNHKの朝の連ドラ『カーネーション』は、わたしの生まれ育った岸和田のファッション・デザイナーのコシノ一家の伝記だが、その際に方言指導を女優である（このドラマにも盛んに登場している）林英世《はやしひでよ》さんが担当した。林さんはわたしと同じ岸和田出身、高校の後輩である。

NHKの城谷厚司《しろたにあつし》プロデューサーはいの一番に「関西制作の大阪弁ドラマは大阪で視聴率が取れない。大阪人はドラマの中でしゃべる大阪弁が気に入らないからだ。それでいっぺんに視聴率が下がる。これを何とかしたい」と伝えた。それは何をしゃべるのかという「脚本に書かれた台詞」ではなく「音」の問題であった。林さんは使命として「大阪人を概《おおむ》ね納得させ、さらに岸和田人に嫌われないように」という鉄則をたてた。そのうえで台詞すべてを自分でしゃべって録音して、そのテープを俳優の全員に渡した。主演の尾野真千子には現場で横について直接指導したという。

末のお嬢さんの「こいさん」の「こ」を高く発音されると「そんなヤツはおれへんやろ」だし、「ないねん」「あれへん」というとき、「な」と「あ」が高く強く発音されるのを聞くと、本当は金に困ってキュウキュウなはずなのに、これでは貸したカネもかえってけえへん。「シバくぞ」「ドツくぞ」の「バ」「ツ」を高音で発せられたら、コワい顔して怒鳴られても、「ナンやそれ」である。

とまあこれなどはほとんど音楽の世界だ。そうあるべきメロディが、そう唄われずに違う曲になったようなもの。あるいはひどい音痴で聞くに耐えない。そんな感じか。

さらに「ねえちゃん」と発語するときに、「ね」を高く発音して「ちゃん」を軽く落とすのと、「え」をコブシ回しのように高く上げさらに「ちゃ」を上げて「ん」で下げるのとでは、それがどんな女性を指すのかは全然違ったことになってくる。こういう違いは、会話のやりとりの最中にあっては、説明の仕様がない。つまり大阪弁として解っている前提で話をしているので、解らない人には説明してもなかなか解らない。

横山ホットブラザーズの有名な一発芸の「お・ま・え・は・ア・ホ・か」は、長くて大きいノコギリを使って音階を奏《かな》でる。これなどは見事にメロディアスな大阪弁の特徴をよく表す代表例だ。このウルトラワンパターンの笑い芸はもう半世紀以上やってでんのんちゃうんか、死ぬまでやっとけ、と思うが、いつ見てもため息が出る具合にアホくさくておもろい（「お前はアホか」で検索すればYouTubeで見れる)。

いやYouTubeを見てるバヤイではない。今日もいろんなおもろい大阪弁話者に会うために、さあ街＝現場に出ることにしよう。

4 世の中の場所は全部ローカルだ

江 弘毅×津村記久子 その2

大阪には「居場所」がある

江　今、韓国や中国から人がようけ大阪に来てますよね。なんで大阪が好きかって、大阪の多様性のなかに、自分の居場所があると思うからやと思うんですよ。

津村　大阪に来てる人たちって、旅行者も含めて、ですか?

江　旅行者も。たとえば僕らが東京に行ったら、居場所がなくて帰りたくなるやないですか。なんかねえ、消費者として固定されるんですよ。

津村　そうです、そうです。東京に行って、山手線の内側の土地にずっとおる気はしないですね。上野とかは西っぽいというか、平気なんですけど。

江　東京では、友だちとかツテがなかったらそこに滞在できない。僕、一泊二日以上、東京におったことないです。仕事でも。急に居場所がなくなってしまうというか、「ここはお金を払わないと過ごされへん街だ」と思う。喫茶店に入るにしろね。このごろ、けっこうな数の中国人が、（北）新地をうろうろしてますよね。子どもの手を引いて。

津村　ええ。あれって、なんでなんですか？

江　居場所があるから。おもろいんですよ、ビルとか歩いて回ってたら。徘徊《はいかい》できる。

津村　これ見たいとか、あれ見たいとかがあるんじゃなくて？

江　違う違う。ほっといてくれるというか。「コーヒーいかがですか」って言うてけえへんでしょ、新地は。要するに、ものを売りつけられへんのです。

津村　ぶらぶらできるんですか、彼らは大阪で。

江　ぶらぶらしてますよ。びっくりしますよ。新地って、ホステスとか姉ちゃんとかいっぱいいてますやん。そんなんも平気で、家族で、（キャリーバッグを）ゴロゴロ引きながら歩いてるんです。ガイドブック見て、「ここのうどん屋どうなんや」とか話してますよ。

黒門市場かてそうやないですか。えげつない人の量でしょ、今。あそこらへんに来る人たちは、美味しいものとか安全なものとかに糸目付けへんのですよ。だけどもともと黒門市場って、僕らには何かを売ったりするところじゃなかったんです。料理人とかを相手にしてたから、僕ら一般人のことは相手にしてくれへんですよ。でも今、中国の人は平気でそこに行ってるんです。居場所なんですよね。「俺は中国語しかしゃべられへんで」って態度してるんですけど、それでもそこに居れるんですよね。黒門の古いふぐ屋では、中国人に「キミらいっぺん食うてみい、うまいやろ、俺作ったんやで！」って言うて、ポン酢じゃなく中国人向けに作ったダシ入りのてっちりやふぐの刺身出して、一発当たってました。たくましいですよ、大阪の人。これはほかには無理ですわ。ぎゅうっと持ってくんですよね。

津村　もう、「来たからやるわ」みたいな感じなんですかね。どうしても締め出そうとか、そういう感じじゃなくて。

江　締め出そうとする店もありますよ。だから大阪なんですよ。「絶対いや」っていう店もある。「あんたらなんかに売るところちゃう、はよ行ってくれ」って言う人もいます。

津村　どっちもあるんですね。どっちかしかないっていう場所じゃない。ずっと疑問やったんですよ。大阪ってそんなおもろないやろ、中国なんか広いんやから、別に大阪みたいなところいっぱいあるやろって。

天満も福島も全然ちがう、けどなんか似てる

江　ある社会集団にふさわしい言葉遣いっていうのもありますね。東京の言葉って、標準語一個ですやん。でも、そうじゃないところで僕らは育ってるから。たとえば、アメ村と道一本隔《へだ》てた南船場じゃ景色が全然違うじゃないですか。

津村　全然ちゃいますよね。このへん（キタ）と、ミナミでも全然ちゃうし。東京でもそんななってんのかな、わからへんけど。地域でけっこう違いますよね。

江　せやけど、たとえば山陽新幹線に乗ってるとトンネルばっかりですやん。寝てしまったら、新尾道、新山口、え、え？　って、わからへんでしょう。新山口も新尾道も同じような建物。大阪やと、道入ったら、「うわあ天満来てる」ってわかるやないですか。

津村　福島とかね。

江　そう。

津村　超違うんですよね。天満と福島とか全然違う。どっちもごちゃごちゃしてるけど、天満

のほうがよりごちゃごちゃしてるかな。あと、なんで大阪って、あんなに電車と商店街のアーケードが並行にあるんですかね。私、ものすごいアーケードが好きなんですけど。ほんとに大阪は多いですよね。ここは枝分かれしてるとか……阪神と近鉄が多いかな。似てるなって思います。

江 それはもともと古い街を結んでるからじゃない？

津村 ああ、たしかに。古い街同士は似てますね。

甲府で柏（千葉県）から来た人としゃべったときにね、「千葉の渋谷とか言われてて」ってにこにこしながら言いはったんですね。で、私自身はその時点で柏行ったことあったから、「高槻に似てるなと思ったんですけどね」とか、思ったんですけど言えんかったです。

江 そら言われへんわな（笑）。

津村 千葉の千葉市っていうのは、ちっちゃい東京みたいでした。「ぺたん」とした東京。あんまり人のいない、東京のミニチュアを作ってみました、みたいな感じです。でも柏はすごいバリバリの地方都市でした。都市の歴史から街同士は似てくるんやないかなと思いました。さっき言った、近鉄沿線と阪神沿線って全然違う場所じゃないですか。でもなんとなく似てる。尼崎のあたりかなあ。西宮のあたりまで行ったらもう違う。

すごいローカルなことを守っている都会

津村　さっき言ったサッカーの取材で九州とかのことも調べたんですが、福岡と佐賀の県境が福岡に食い込むように引かれてるせいで、福岡の南側の人が福岡に属するのか佐賀に属するのかっていう議論があったりして、そういうのは地元の人しかわからんっていうか、日本って広いなって思います、ほんと。

江　それは、クニや藩が分かれてるからでしょ。大阪もそう。河内と和泉《いずみ》と摂津《せっつ》があるからね。普通の人間にはわかりにくいですよ。大阪は、大和川越えると全然ちゃいますけど。

津村　淀川《よどがわ》を越えるのもまた違うって、その淀川の境目のところにある中学の先生に聞きました。たとえば、ちょっと北側のほうの高校のことを「君は学力が高いからこの学校にいけるよ」って生徒に言うと、生徒は「淀川を越えんのはなー」とか言うんですって。えー、川？　って思ったりもするんですけど、そういうのが中学生にはあるらしい。

江　川っていうのは境界やからなあ。

津村　でもＪＲとか阪急とか、まず越えてなんぼなところあるじゃないですか。中学生って電車使えへんから、本当に淀川がでかく見えるんでしょうね。電車乗ってたらただ続いてるだけやけど、それこそ電車乗ってたらわからへん、そこに行かないとわからへん感覚ですよね。

江　だけど地勢的なものって、川のこっち側、あっち側とかで一発で左右しますよね。

津村　地勢はほんまに、あると思います。大阪って、すっごいローカルであることを守っている都会なんかもしれないですね。だから東京の真似をしても仕方ないし、競争しても仕方ない。ローカルがすごく大きくなった場所なんじゃないかなって思います。

江　僕もそう思います。ローカルがローカルなままある。せやから違うし。

津村　全然違いますよね。東京は日本人の集団であって、大阪は大阪の人の集団なんですよ。

やな学校って、みんな同じ顔して誰がいじめてくるかわからない学校

津村　なんか、土地がばらばらでいいじゃないかとも思うんです。多様性が普通だという土地

に育って、そこで培われるものの考え方ってある。自分がそういう土地でずっと育ってきたっていうのがあるからかな。大阪ってほんまにいろんな子がいますよね。東大に行く子もいれば、クスリに手だしてまう子もおったり。

江 鷲田《わしだ》（清一）先生に朝日新聞の「折々のことば」で引用してもらいましたけど、「通知簿1と5の親友が毎日わいわいやかましくやっている街」（『だんじり若頭日記』）ですよね。

津村 あと、自分のおった中学なんかは、ヤンキーと普通の人が、ヤンキーの人側のゾーニングによって差別化されてたっていう感じやった。やな学校ってヤンキーがいるとかじゃなくて、みんな同じ顔してて誰がいじめてくるかわからない学校のことなんちゃうかなと思います。うちは、ヤンキーがちゃんとヤンキー然としてくれてて、堅気《かたぎ》の人には手を出さないっていう学校やったような。

江 いや、ほんと。一緒です、うちも。それは良い悪いとかじゃなくて、そういうところなんですよね。せやから僕らは、ちょっと違うものに対しても、ようわかるというか。わかるわからないは、理解するとか理解できへんとかじゃないんです。こいつなんでこんなこと言ってんねんって、そこから置かれてる風土とかが想像できる。そこが価値あるなって思います。

津村 違ってて当たり前やから。

江　そうそう。

津村　結局なにが怖いって、お前はちがう人間や、ちがうちがうってずっと言われ続けるのが怖いわけでしょ。でも、はなからちがう人間なんやから。そういうことのほうが田舎もんやって思う。その、ばらばらさを認めてないことのほうが、めっちゃ田舎もんやわ、って思う。

江　ある土地のみに縛られているというか。逆に東京的に画一なのもそうです。

津村　はい。それでその田舎もん的な排除の仕方をする人たちっていうのは、どうでもいい、持ち物とか見た目とかでいじめるんよなあ。

大阪は最後の、巨大な「ローカル連合」

江　津村さん、スーパーでうどんが三十円の土地にしかよう住まん、みたいなこと言ってはりましたよね。それがめちゃくちゃおもろくって。

津村　京都のね、友だちが下宿してるとこの近くでうどんがひと玉四十円して、びっくりしたんですよ。場所の物価を知るのにうどんの玉で判断する、みたいな、そんな話を。京都はうどんが高いから。東京もうどん高いんです。柏はなんか安そうでした。高かったらすみません。吉祥寺は下町ぶってるのにうどん高い、みたいなイメージがあるんですけど、柏はほんまにうどん安い、っていう感じがしました。たとえるとね。

江　おもしろいなぁ。

津村　それが知りたくて、いろんなところに行ったりしてるんです。香川と山梨と、全然ちゃう場所ですけど、駅前のつくり方とかそっくりなんです。支線があって、前にターミナルみたいなのがあって、でかい道路が敷《し》かれてて。「小さい甲府」みたいな丸亀と、「大きい丸亀」みたいな甲府。なんか、地方都市ってあんまり、場所じゃないかもしれないなと思いました。その場所が位置している緯度・経度というよりは、その街ができてきた背景とかによって、その街の形だとか住んでる人たちが決まってくるんじゃないかなーって。

江　おっしゃる通りですね。僕もそう思います。

津村　大阪やったら、最後のローカルというか。巨大なローカルですよね。

江　ローカルの集積の、一個の塊ですよね。ローカル連合。

津村　ローカル連合（笑）。たしかに。でもその、どこもローカルやなって思いますけどね。ＮＨＫの『世界ふれあい街歩き』とか見てたら、どこの地域、場所も、あるメインがあってとかじゃなくて、みんながばらばら。

江　せやから、船場的なものが大阪や、って言われるとむかつくんですよ。

津村　わかんないですよね。正体が見えない。ローカルなことってすごい大事なんですよね。

おととしの十二月くらいに画家のジョルジョ・モランディの仕事をしたんです。生涯かけて、静物しか描かなかった人なんですよ。いくつかの瓶を並びかえながら、今日はここからこれを描く。次はここの角度からこれを描く。みたいなことをずーっと、何十年もやり続けて。生涯実家に住んで、家の近くの学校でずっと働いてたっていう人。そんな人の絵が神戸に来たので、見に行ったんです。そしたらすごく良かった。周りの干渉を拒《こば》みきる強さがあったんですよね。ちょっとはこういうことを描いとかなあかんかな、みたいなものを全部シャットアウトして、家でずっと描いてたんです。田舎に住んでたかどうかは知らないですけど、モランディは全然田舎もんじゃないですよね。態度が。

江　そういうことですよね。「全部ばりばりローカルや」というのが当たり前で、それが街的。権力なりお金なり、流行なりということをキャッチアップせんですむ話なんですよね。

津村　中心を決めちゃって、そこからの距離を自分で測って小細工するのが田舎っぽいと思うなあ。

「トランプってヅラかな」って思い続けないとあかん

津村 高校の友だちがニューヨークに嫁に行ったんですけど、ニューヨークって世界の中心じゃないですか。なんでもある。それでその子からしたら、ほかの場所がちょっと見えにくくなってもうた感じなんですよね。

それでその子に「トランプ（大統領候補・当時）ってヅラなん？」って話をしたら、そんな旦那にも友だちにも聞けないって言うんですよ。大阪の人やのに。絶対にその子、ヅラかどうか確かめてくれると思ってたのに。その話をする前から、旦那は共和党なんだけどトランプが嫌いな共和党らしくて、ばりばりの弁護士で堅い。大統領選ですごい今盛り上がってる、っていう話を聞いてたんですけど、トランプってヅラなん？　みんなヅラって思ってんの？　って聞いたら、聞けないって。これが大阪の人だったら聞けるじゃないですか。「これはニューヨークに染まってしまったな」と思った。本当にヅラかどうかはわりとどうでも良くて、みんなヅラだと思ってるかどうか、ってことを聞きたかったんです。

江　大阪のやつってヅラとか言うの好きやからな。俺もそんなん好きです（笑）。

津村　ヅラもね、わかる人とわからへん人といるんですって。私はあんまりわからへんから、それやのに疑うってことは相当やで、とか思うんですけど。でも、あんな大富豪なのに、なんでそんなヅラっぽくしてるのかとか、ヅラっぽい髪型なんて大富豪やったら修正できるのになんでしないのかとか、もういっぱい疑問があるんですよ。でもその子は答えてくれなくなっちゃった。これが中央に行くってことか、と思って。

江　おもろいなあ、ええこと言うなあ。

津村　いやいやもう、ほんまに。だってだめなんです、「ヅラなんかな」って思い続けないと。ヅラやな、ヅラと思う？　みたいな話をし続けないとだめなんですよ。それがローカルってことやと思う。私は大阪におるから、トランプ見て「ヅラかな」とか言ってるけど、友だちはニューヨークに行ってヅラかどうかなんて聞けない雰囲気になる。どっちがいいかって言ったら、私は「ヅラかな」って言い続けたいと思いますけどね。

江　「邪魔じゃハゲ！」とか言うもんな、僕ら。ハゲてなくても七三分けでもハゲやもんな。

津村　そう！　ハゲってなんで言うんでしょうね。

江　北新地とかのホステス用語なんですよ。ハゲって、パトロンのことなんです。あるホステスなりママのパトロンで、それをパトロンと言うよりも一段下の「ハゲ」って言うてるところが、彼女らのプライドなんです。「店ハゲ」とかいうの知ってます？　店ハゲって、女とみたらそこの店にいる女の子誰でもいいから、さしてくれやカネ出すから、みたいなのを言うんやけど。せやから大阪の人は、なんやこのくそハゲ〜！　って言うでしょ。

津村　言う言う。みんな「このハゲ」って言う。相手がふさふさしてても。

江　そう。「このハゲ、ムカつくな！」みたいな。金の力でサービスをなんとかしようと思ってるのに対して、ハゲって言うんですよ。そんなことしたらハゲやろ！　みたいな。

津村　あー、なるほど。ハゲ的行動なんですね、それは。あっはっは。いいですね、いいですね。でもわかる。なんか、金満さに対する軽蔑でしょう。ハゲカッコ悪い、ってことじゃないですか。お金でなんとかする、みたいな。

江　そうそう、お金で愛情とかを買《こ》うたりすることを、ハゲってね。

ガラ悪いところをガラ悪いって書くのは嫌や

江　でも津村さん、話してる内容とかは大阪の女の人やなあって思うけど、アプローチがおっさんやなあ。

津村　そうなんですか？　今宮（高校）の子はみんなこんなんやと思うんですけどね。だから、私がおったときの今宮の磁場があかんのんやと思う。

江　おっさんのガラガラ声とか聞こえてくるやろ。

津村　聞こえてきますね。今宮高校の学校のプールにホームレスのおっちゃんが入りに来るから、新校舎では五階の屋上にプールつくったとか。校舎も建て替えするってわかってるから改修とか全然せえへんくて、ある日学校行ったら天井落ちてるとか。もう校舎がぼろぼろやったんですよ。

江　でもそういうのを書かへんっていうの、なんかかっこいいなあ。

津村　ええ？

江　いや、僕は西成のことを書く新聞記者とかが嫌いやったんですよ。わざとゴミ箱あけて書くような。

津村　ガラ悪いところに行ってやっぱりガラ悪かったって書くの、すごい嫌いです。

江　そんなん言ってもいいことなんもないもんな。何の解決にもなれへん。

津村　だってガラ悪いって言ったたって、おたくらの生きてる日本の一部ですやん、って言って終わるでしょう。日本におったら日本人やないですか。ちなみに東京で東京の人やなと思うのは、私のなかでは戌井昭人《いぬいあきと》さんですね。

江　僕も小林信彦さんとか好きやけどな。そのへんの東京の人、かっこええと思うんです。

津村　ほんまの東京の人ってめちゃかっこいいですよね。しゃべることとかおもろいし、気遣いはるし。

江　内田（樹）せんせもそうですね。日比谷高校中退で、大検（現・高認）受けて東大へ行ってはるんやで。

津村　かっこええなあ。中退かっこえええっていう文化がもうあかんのかもしれないですけど（笑）。「めっちゃかっこええよな、中退」とかすぐ言う。

江　もうあかんけど言ってしまう（笑）。

津村　でもやっぱり、中退っていう言葉に隠れる「中退後どうしてきたか」っていうのを一瞬でばーっと計算したら、やっぱかっこええなあ、ってことになるんです。自分は無駄に高校とかちゃんと出てるわ、という気はしてきますね。自分ふつうやな、たくましさが足りんな、って思ったりします。

江　中退には世の中を先読みしようとしたり、測ったり計量したりする小賢《こざか》しさがないですね。

小説の書き方も一日ごとにたぶん忘れてる

江　津村さんね、また少年みたいな質問しますよ。作家さんでうまいな、ええなーって思うのって誰かいますか。

津村　うまい……いや、みんなうまいんやないですか？　いきなりゆるくなってすみません。

江　うまいというか、うわーこの人、ええこと書きよるなとか、そのレベル。

津村　うーん、みんなそれぞれうまいこと書いてるような……勝てない、って人はいますね。別に他の人と競争したいって思ってるわけじゃないけど。

江　ああ、そんな意味じゃないです。

津村　でも、「絶対この人には敵《かな》わんやろ」って思ったのは、赤染《あかぞめ》晶子さんと木下古栗《ふるくり》さん。柴崎友香さんもすごいな、って思うし。ようこんなとこ見てはるなと。私なんか比べ物にならないくらい目がいい人やと思います、柴崎さん。長嶋有さんもそうやし、今の人みんなすごいですよね。本当に。その人なりの理があって、その人なりのうまさとか、他人には書けんな、っていうのを書いてるから、ものすごい洗練されてるんじゃないですか。

だから他人がどんだけ手抜いてるかとかわからへんし、ずーっと同じ自分の水準で書くしかないです。他の人のばっかり読んでたらすぐに影響受けてまうから、あまりにも同世代の人のものはそんなに読まないです。江さんくらい年離れてたら読めますけど。あと、一番えらい、というかほんま別格にあるのはナンシー関ですね。

江　ああ。そうやなあ。あの人は何言うてもオッケーやと僕も思ってる。

津村　小説書く人やったら中島敦です。織田作之助も、プロットの作り方がもう、むちゃくちゃ上手いな、と思いましたね。

江　せやけど津村さん、そのへんは津村さんとはちょっとちゃう小説の分野ですよね。

津村　いや、わからんです。何があかんて、私は自分が何書いてるかよくわかってない。小説の書き方も一日ごとにたぶん忘れてる、っていうのが一番あかんな、って思ってます。

江　ええーー、忘れるとか、そんなんほんまに思ってるんですか。

津村　ほんまに忘れる。信じられないです、家帰ってこれから小説を書くってことが。書き方とかわからへんです。ちゃんと読み返したら、ああこんなことが書きたかってんな、っていうのはわかるし、こんなこと書こうってメモしたりしますけど、どうやって小説を書いてるのかはその場にならないとわからない。運動みたいなもんなんですかね、たぶん。よほどやないと、ものを考えるときに文章をいちいち立ててんでしょ？

江　僕は小説書いたことないからなあ。僕がやってんのは街のこととか、コラム的なことやし。

津村　でも、それっぽい考え方ってしないと思いません？　ほんまに、文章を見るまではそういうふうにはできません。だからずっと、積み上げたものがないような気がするときもあるし、すごいがんばった気がするときもあるし、わからないです。

人間の性根はだいたいどこでも一緒や

津村　だから、自分からはどっちかというと遠い文化やな、っていう本ばっかり読んだりしてます。あんまり自分の近くのことを入れると、自分がパクってるってことをわからずにパクったりするから。だからもう、遠い人の本、海外の小説とか古典とか読んだりします。『トニオ・クレーゲル』がえらい衝撃でした。トーマス・マンが百年くらい前に書いた本なんですけど。主人公のトニオ・クレーゲルは詩とかが好きでちょっと内向的で、南部の血が入ってるから目とか髪も黒いんですけど、友だちの純ゲルマンみたいな子のことを「いいな」って思っていて。でその子に、シラーの『ドン・カルロス』っていう本がすごくおもしろいから貸すよ、みたいなこと言ってるんです。ゲルマンの子は、いやいや、本とかはいいやっていう感じで。まったく同じ会話が今の時代もありますよね。「このアニメおもしろいから、DVDついでに焼くからあげる」みたいな。その、貸すから！　みたいなのがすごいリアルだなって思ったんですよね。

百年前のドイツ人もそうで、今の日本人もそうなんやったら、それってかなり普遍的なことやないですか。そういう、人間が人間であるかぎり持ってる性分みたいなのは、わりとどこでも一緒なんやないか、って思ったんですよね。だから、多様であっても安心できるんじゃないかって。ばらばらでもいい、性根は基本一緒やねんから、ってなったんですよ。

江　うーん。言うてることすごいよな。

津村　なんか、ほめていただいてすんません。今の人たちは、中心線がないってことが不安なんじゃないですか。みんなが同じであることで安心するのは、一本通ってるものを見つけられないからでしょう？　でも自分はトニオ・クレーゲルみたいなもんやわ、って思ったら、別に平気になってくる。だってみんなそういうとこがあんねんもん。「昔の人は違う」みたいな怖さがなくなってきた。昔の人もしょうもないことで悩んで生きてんねんな、と。

だから、より中央みたいなものがわからんくなってきたし。書いてる人たちのなかには対中央みたいな気持ちなんてたぶんなかったわけですから。ジェーン・オースティンなんて家から出てなくて、実家にずーっとおって、四十一歳で死んだ人やのに、人間のことをびっくりするぐらい理解してましたから。大きい旅行とかせずに、家事をして小説だけ書いてたような女の人でも、ここまで人間のことがわかってる。それを考えたら、どこに行ったかでもないし、何を持ってるかでもないし、誰とおるかでもないんやわ、ってほんとよくわかりましたね。……すいません全然、ただの本の話ですね、ふつうの。

江　いやいや。むっちゃおもろいです。

津村　ローカルであることを私が推奨するのは、そこかもしれない。中央の考え方とか中央の流行とかに合わせる必要はない、合わせなくても人間の性根はだいたいどこでも一緒やし、同じようなことで悩んでるから。だから世の中の場所は全部ローカルだ、っていうのはそういうところから来た考え方ですかね。で、まあ大阪っていうのは巨大なローカルで。

江　ローカルだらけやもんね。

津村　ローカルだらけですね。私は江さんとは全然違うじゃないですか。でも同じ部分もあるし。

江　違うし同じや、っていうのは、違うことがわかる同じさや、って僕は思うんですよね。

津村　私大阪の人間やけど、だんじりの話聞いてても、外国の話みたいですよ（笑）。

おわりに

津村さんとの対談は終始ノリノリで、「ヅラ」「ハゲ」のところなどは、ターボチャージャーが入って、ひゅーんと回転数が上がった。と思えば、「単に正しいことを言う」のではなくて、「こいつの言ってることよりおもろいことを今言うたろ」とか「ちょっと相手を立てておもんないことを言おう」といった大阪人のコミュニケーションの加減の作法について、津村さんのトルクは強靱だ。

大阪弁が言語としてどのような特徴を有した方言なのか、といった側面から見ると的外れなことになる。そうではなくて、人への応援の仕方なのだ。そして抜群に「おもろかしこい」個性を持ってらっしゃる津村さんは、いつもかっこいいTシャツを着ている。

江　弘毅

生まれてから今までずっと大阪に住んでいる。三十九年間は長い。大阪に関する気持ちは、いいも悪いもなくて、ただ「飽きた」の一言しかない。でも他のところで暮らす手間を今はまったくかけられないので、惰性で住み続けている。裏を返すと、大阪は、わたしみたいな面倒くさがりの人間が、惰性で三十九年住める土地であるということになる。今回本を作っていて、そのことはしみじみ感じた。飽きるけど住める土地大阪。

それはまあ悪くないと言ってもいいと思う。でも、大阪だけの現象だと数年前に知って愕然としたのだけれど、午後三時になるとみんながみんな「お茶でもしよか」といっせいに喫茶店が異常に混み出すことには、相変わらずうんざりしています。そこだけはなおしてほしい。仕事の打ち合わせがままならず、いつも編集者さんにあやまっています。

津村記久子

江 弘毅 こう・ひろき

1958年大阪府岸和田市生まれ。神戸大学農学部卒。京阪神エルマガジン社にて
『Meets Regional』誌をたちあげ、12年間編集長を務める。2006年に編集集団140Bを設立、
現在取締役編集部長。著書に『だんじり若頭日記』(晶文社)、
『「街的」ということ』(講談社現代新書)、『有次と庖丁』(新潮社)、
『飲み食い世界一の大阪～そして神戸。なのにあなたは京都へゆくの～』
『K氏の遠吠え 誰も言わへんから言うときます。』(以上、ミシマ社)など。

津村記久子 つむら・きくこ

1978年大阪府生まれ。2005年「マンイーター」
(刊行時に「君は永遠にそいつらより若い」に改題)で第21回太宰治賞を受賞しデビュー。
08年『ミュージック・ブレス・ユー!!』で第30回野間文芸新人賞、09年「ポトスライムの舟」で
第140回芥川賞、11年『ワーカーズ・ダイジェスト』で第28回織田作之助賞、
13年「給水塔と亀」で第39回川端康成文学賞、16年『この世にたやすい仕事はない』で
芸術選奨文部科学大臣新人賞を受賞。他の著書に『とにかくうちに帰ります』(新潮文庫)、
『浮遊霊ブラジル』(文藝春秋)など多数。

大阪的

2017年3月25日 初版第一刷発行
2017年5月9日 初版第二刷発行

著　者　江弘毅・津村記久子

発行者　三島邦弘

発行所　㈱ミシマ社 京都オフィス

郵便番号　606-8396

京都市左京区川端通丸太町下る下堤町90-1

電　話　075(746)3438

FAX　075(746)3439

e-mail hatena@mishimasha.com

装　丁　寄藤文平・鈴木千佳子(文平銀座)

印刷・製本　(株)シナノ

組　版　(有)エヴリ・シンク

URL　http://www.mishimasha.com/

振　替　00160-1-372976　ISBN978-4-903908-92-2